# REGÜLASYON İKTİSADI

Prof. Dr. Coşkun Can Aktan

# REGÜLASYON İKTİSADI

Prof. Dr. Coşkun Can Aktan

DİVAN Kitap

ISBN 978-605-4239-91-7
Yayınevi Sertifika Numarası - 14320

**REGÜLASYON İKTİSADI**

Prof. Dr. Coşkun Can Aktan

**Kapak Tasarımı**
Zafer Yılmaz

**İç Tasarım**
Divan

**Baskı - Cilt**
Deren Matbaacılık Ambalaj San. Ve Tic. Ltd. Şti.
Beylikdüzü OSB Mah. Orkide Cad. No: 9/Z
Beylikdüzü/İstanbul
Tel: (212) 875 48 86



1. Baskı, 2020

**DİVAN KİTAP**
Tahtakale Mah. Ayçiçeği Sokak. No: 8/10 D: 6
Avcılar- İstanbul
Tel - Faks: (212) 803 40 42
www.divankitap.com.tr, divankitap@gmail.com

**DİVAN KİTAP,** Divan Kitap Matbaacılık Basın Yayın
Dağıtım ve Ajans Hizmetleri Ltd. Şti. yayın markasıdır.

# İÇİNDEKİLER

# ÖNSÖZ

İktisat bilimi içerisinde nispeten yeni bir araştırma programı olan regülasyon iktisadı, devletin piyasa ekonomisindeki etkinsizlikleri ve başarısızlıkları ortadan kaldırmak için piyasayı ve piyasa oyuncularının davranışlarını düzenlemeye ve kontrol etmeye yönelik kurallar ve kurumlar oluşturması olarak tanımlanabilir. Piyasa ekonomisinin kendinden beklenen ideal sonuçları ortaya çıkarabilmesi için mutlaka bazı düzenleyici kurallara ve kurumlara ihtiyacı vardır. Kurallar ve kurumlar olmaksızın piyasa ekonomisinin kendi tabii işleyişine bırakılması demek *"piyasa anarşisi"* ya da başka bir ifadeyle *"başıboş piyasa"* anlamına gelir.

Regülasyon ve kontroller devletin ekonomiye doğrudan ve/veya dolaylı olarak yaptığı müdahaleler ve düzenlemelerdir. Devlet muhtelif gerekçelerle belirli ekonomik faaliyetleri doğrudan düzenlemeye tabi tutabilir ve/veya mal ve faktör piyasalarında serbestçe oluşacak fiyatlara müdahale edebilir. Devletin çeşitli nedenlerle ekonomiye müdahalede kullandığı bu iki araçtan birincisi *"ekonomik regülasyon"* ikincisi ise *"ekonomik kontrol"* olarak adlandırılmaktadır. Piyasaya giriş ve piyasadan çıkışın düzenlenmesi, belirli sektörlerde yasal tekellerin oluşturulması, uluslararası ticarete kısıtlamalar getirilmesi, kamu girişimciliği yapan kuruluşların zararlarının hazineden karşılanması, bazı sektörlere sübvansiyonlarda bulunulması, üretim faktörlerinin fiyatlarının kontrol edilmesi ve saire ekonomik regülasyonlara örnek olarak verilebilir. Diğer yandan, mal veya hizmetin satış fiyatlarının kontrolü, ücret kontrolü, kira kontrolü, faiz kontrolü gibi uygulamalar ekonomin regülasyon politikası içinde yeralan başlıca kontrollerdir. Devlet ekonomik kontroller aracılığıyla mal ve üretim faktörlerinin piyasada serbestçe oluşabilecek fiyatlarına müdahalede bulunur.

Devlet iktisadi regülasyonlar dışında sosyal regülasyonlar yoluyla da piyasalara müdahalelerde bulunabilir. Sosyal regülasyonlar, geniş anlamıyla toplumsal hakları korumaya ve refahı arttırmaya yönelik regülasyon faaliyetleridir. Piyasanın kendiliğinden gelir dağılımında adaleti tesis edememesi ve kaynak dağılımında etkinliği sağlayamaması nedenleri ile ortaya çıkan sorunlar, sosyal amaçlı kamu regülasyonları ile giderilmeye çalışılmaktadır. Belirli bir asgari geliri işgücüne garanti eden asgari ücret uygulaması, firmaların neden olduğu çevre kirliliği sorunlarının çözümüne yönelik çevre regülasyonları, yeterli gelir imkanına sahip olmadığı için bireyleri sosyal güvenlik şemsiyesi altına alan sosyal güvenlik uygulamaları, bölgelerarası gelişmişlik farklılıklarını azaltmaya yönelik sübvansiyonlar (teşvikler) vs. sosyal regülasyonlara örnek olarak gösterilebilir.

Piyasa başarısızlıklarını ortadan kaldırmak için devletin çözüm yolu olarak başvurduğu regülasyonların etkileri (fiyatlar üzerine etkileri, üretim maliyetlerine etkileri, ürün kalitesine etkileri, inovasyon ve verimlilik artışına etkileri vs.) çok önem taşıyan bir konudur. Regülasyonların iktisadi, siyasi ve sosyal etkilerinin çok iyi bir şekilde analiz edilmesi gerekir. Kamusal regülasyonun hem faydaları hem de maliyetlerinin mutlaka dikkate alınması ve ancak faydaların maliyeti aştığı durumlarda kamusal regülasyonlara başvurulması gerekir. Örneğin, iktisadi regülasyonların maliyetleri; idari maliyetler, uyum maliyetleri, fırsat maliyetleri, refah maliyetleri, rant kollama faaliyetleri, kaynakların yanlış yönlendirilmesi ve ahlaki çöküntü (moral hazard) olarak karşımıza çıkmaktadır. Bu negatif sonuçlar gözardı edildiği sürece iktisadi regülasyonlardan arzu edilen sonuçlar elde etmek mümkün değildir.

Regülasyon İktisadı başlığını taşıyan bu kitap içerisinde geçmiş yıllarda bu alanda yapmış olduğumuz ve daha önce muhtelif kitap ve/veya dergiler içerisinde yayınlanmış olan araştırmalarımız yer almaktadır. Kitaba ortak yazar olarak katkılar sunmuş olan meslektaşlarımıza burada bir kez daha teşekkürlerimizi sunmayı borç biliyoruz.

Prof.Dr. Coşkun Can Aktan

Ocak 2020

# REGÜLASYON EKONOMİSİ ve KAMUSAL REGÜLASYONLAR TEORİSİ[1]

Coşkun Can Aktan
Yusuf Tuğrul Karaaslan

## I. GİRİŞ

Regülasyon Ekonomisi (Regulatory Economics), piyasa ekonomisinin etkin işleyişinin sağlanmasına yönelik devlet müdahalelerini ya da kamusal düzenlemeleri (regülasyonları) çeşitli boyutlarıyla araştıran bir iktisat disiplinin adıdır. Bu çalışmada regülasyon ekonomisinin temel araştırma konuları ele alınmaktadır. Çalışmamızda, önce kamusal regülasyon kavramı, kamusal regülasyon türleri, kamusal regülasyon teorileri, kamusal regülasyonların rasyoneli incelenecektir. Bu genel açıklamaların ardından kamusal regülasyonların ortaya çıkardığı sorunlar ve kamusal regülasyonların kalitesinin arttırılmasına yönelik çözüm önerileri ortaya konulacaktır.

## II. REGÜLASYON VE KAMUSAL REGÜLASYON: TEMEL KAVRAMLAR

Regülasyon, kısa ve öz olarak yaptırım gücüne sahip bir otorite tarafından oluşturulan ve uygulanan kurallar bütünü olarak tanımlanabilir. Regülasyonlar, kamu, özel ya da kar amacı gütmeyen herhangi bir organizasyon tarafından oluşturulabilir ve uygulanabilir.

---

[1] Bu çalışma daha önce şu kitap içerisinde yayınlanmıştır: Coşkun Can Aktan ve Yusuf T. Karaaslan, "Regülasyon Ekonomisi ve Kamusal Regülasyonlar Teorisi", içinde: C.C.Aktan, İ.Y. Vural, D. Başaran, Kamue Ekonomisi ve Kamu Politikası, Ankara: Seçkin, 2006.

Kamusal regülasyon kavramı ise devletin sosyal düzenin işleyişine yönelik yaptığı her türlü hukuki düzenleme ve müdahaleyi ifade etmektedir. En geniş anlamda, bir ülkede anayasa başta olmak üzere tüm hukuk kuralları kamusal regülasyonlar anlamına gelir. Bu tanım çerçevesinde devletin sosyal düzenin işleyişini düzenlemeye yönelik oluşturduğu her türlü kurallar (yasalar, yönetmelikler vs.) kamusal regülasyonlardır. Devletin siyasal ve ekonomik düzene yaptığı her türlü müdahale ve düzenlemeler de bu tanım kapsamındadır.

Bu makalenin konusu devletin ekonomik düzenin işleyişine yaptığı ekonomik müdahaleler ve düzenlemelerdir. Ekonomik regülasyon, kısa ve öz bir tanımla devletin ekonomiye yaptığı müdahaleleri ifade eder. Başka bir tanım yapmak gerekirse, ekonomik regülasyonlar, sosyo-ekonomik iktisadi hedeflere ulaşmak için iktisat politikası araçlarının (para, maliye, dış ticaret politikaları vs.) kullanılması olarak tanımlanabilir. (Hertog, 1999:223.)

Piyasaya giriş ve piyasadan çıkışın düzenlenmesi, belirli sektörlerde yasal tekellerin oluşturulması, uluslararası ticarete kısıtlamalar getirilmesi, KİT zararlarının hazineden karşılanması, bazı sektörlere sübvansiyonlarda bulunulması ekonomik regülasyonlara örnek olarak verilebilir. Hemen belirtelim ki, üretim faktörlerinin fiyatlarının kontrol edilmesi uygulamaları da ekonomik regülasyonlar kapsamındadır. Ücret, faiz, kar, kira, döviz kontrolleri bu konuda örnek olarak verilebilir. (Aktan, 2001:43)

Terminoloji açısından regülasyona benzer bazı terimleri de burada kısaca açıklamakta yarar bulunmaktadır. (Aktan, 2005:92-93.)

Kanaatimizce, ekonomik müdahale (economic intervention / interference) kavramı ile ekonomik regülasyon kavramı birbiri yerine ikame edilebilir şekilde kullanılabilecek iki kavramdır.

Kamusal regülasyon ile özel regülasyon (self regulation) kavramları birbirinin zıddı olarak ele alınabilir. Kamusal regülasyonlar, hükümetler ve/veya bürokrasi tarafından ekonomiye yapılan müdahale, düzenleme ve kontrolleri içerir. Özel regülasyon ise bireyler ya da firmalar tarafından gönüllü olarak oluşturulan ve uygulanan kurallardır. Özel regülasyonlar, bir kanuni yaptırıma ihtiyaç duyulmaksızın gayri resmi kurallar şeklinde oluşur. (Ogus:1999; Brown &Jackson, 1994:48))

Devletin iktisadi, sosyal veya her ne amaçla olursa olsun uygulamaya koyduğu yaptırımlar bütününü ifade eden kamusal regülasyonların, hükümetin belirlediği hedeflere uyum sağlamaması veya devletin belirlediği temel iktisat politikalarından sapmalara yol açması ya da buna benzer hangi sebeple olursa olsun yürürlükten kaldırılması ise *"deregülasyon"* kavramını ifade eder. Deregülasyon neticesinde, uygulanmakta olan düzenleme ve kontrollerden vazgeçilmektedir. Piyasaya giriş ve piyasadan çıkışlarına ilişkin düzenlemelerin ortadan kaldırılması, tarife oranlarının azaltılması veya tamamen ortadan kaldırılması, fiyat kontrollerine son verilmesi deregülasyona örnekler teşkil eder. (Winston, 1993)

## III. KAMUSAL REGÜLASYONLARIN TÜRLERİ

Devletin uyguladığı regülasyona dönük faaliyetlerin hangi tür bir regülasyon olduğunu tam ve kesin olarak belirlemek mümkün olmasa da bilimsel bir sistematiğe tabi tutma açısından kamusal regülasyonları *"sosyal regülasyonlar"*, *"ekonomik regülasyonlar"* ve *"idari regülasyonlar" (süreç regülasyonları)* olmak üzere üç grupta inceleyebiliriz. (Aktan, 2005:92-93; Samuelson and Nordhaus, 1992:339; Kay and Vickers, 1990; Hertog, 1999; Hahn, 2000.)

Sosyal regülasyonlar, geniş anlamıyla toplumsal hakları korumaya ve refahı arttırmaya yönelik regülasyon faaliyetleridir. (Tepe & Ardıyok, 2004:107.) Piyasanın gelir dağılımında adaleti tesis edememesi ve kaynak dağılımında etkinliği sağlayamaması nedenleri ile ortaya çıkan sorunlar, sosyal amaçlı kamu regülasyonları ile giderilmeye çalışılmaktadır. Belirli bir asgari geliri işgücüne garanti eden asgari ücret uygulaması, firmaların neden olduğu çevre kirliliği sorunlarının çözümüne yönelik çevre regülasyonları, yeterli gelir imkanına sahip olmadığı için bireyleri sosyal güvenlik şemsiyesi altına alan sosyal güvenlik uygulamaları, bölgelerarası gelişmişlik farklılıklarını azaltmaya yönelik sübvansiyonlar (teşvikler) vs. sosyal regülasyonlara örnek olarak gösterilebilir.

Sosyal regülasyonlar daha ziyade işgücü piyasalarında adalet sağlanması, gelir eşitsizlikleriniz azaltılması ve saire amaçları gerçekleştirmeye yöneliktir. Ekonomik regülasyonlar ise sosyal amaçtan ziyade iktisadi amaçlara yönelik devlet müdahaleleri ve düzenlemeleridir. Firmaların üretmiş oldukları mal veya hizmetlerin fiyatlarının devlet otoriteleri tarafından belirlenmesi, firmaların piyasaya girişlerini veya piyasadan çıkışlarını düzenleyen uygulamalara gidilmesi ya da belirli endüstrilere yönelik bazı kararlar alınması devletin iktisadi olarak gerçekleştirdiği regülasyon faaliyetlerine örnekler teşkil etmektedir.

Ekonomik regülasyon, piyasada mevcut aktörler arasında yeterli düzeyde rekabet olmasına yönelik bir ortam yaratarak veya aktör sayısı az ise bunların davranışlarını rekabet halinde olsalardı göstermeleri muhtemel davranışlara benzer hale getirecek kurallar koyarak, piyasaların etkinliğini sağlamayı amaçlar. (Tepe & Ardıyok, 2004:108-109.)

Ekonomik regülasyonları; *"yapısal regülasyonlar"* ve *"davranış regülasyonları"* olarak iki ana başlık altında incelemek mümkündür. (Aktan, 2005:93.) Yapısal regülasyonlar (structural regulations), piyasaların etkin işleyişine yönelik devlet tarafından yapılan düzenleme ve müdahalelerdir. Piyasada fonksiyonel rekabeti tesis amacını taşıyan müdahaleler bu anlamda mütalaa edilebilir. Başka bir ifadeyle eksik rekabet ve haksız rekabeti ortadan kaldırmaya ve rekabete fonksiyonel işlerlik kazandırmayı amaçlayan her türlü düzenlemeler yapısal regülasyonları ifade eder. Bu çerçevede piyasaya giriş-çıkış izinleri, devlet için stratejik önemi haiz sektörlerde lisanslama uygulamalarına gidilmesi ve saire uygulamalar yapısal regülasyonlara örnekler teşkil eder.

Piyasaların etkin işleyişi amacına yönelik olarak piyasa aktörlerinin davranışlarını düzenleyen kamusal regülasyonlar ise *"davranış regülasyonları"* (conduct regulations) olarak adlandırılır. Fiyatlara ilişkin kontroller, tüketicilerin korunmasına yönelik düzenlemeler, ürün satışlarının tabi olduğu usul ve esasları içeren kurallar, davranış regülasyonlarına örnek teşkil etmektedir.

Sosyal ve ekonomik regülasyonlar dışında *"idari regülasyonlar"* ya da *"süreç regülasyonları"* (process regulations) da kamusal regülasyonların bir türünü oluşturur. İdari regülasyonlar, kamusal regülasyon sürecinde ortaya çıkan idari ve bürokratik işlemleri ifade eder. Halk dilinde genellikle "bürokrasi ve kırtasiyecilik" olarak adlandırılan işlemlerin pek çoğu idari regülasyonlar anlamına gelir.

## IV. KAMUSAL REGÜLASYON TEORİLERİ

Literatürde kamusal regülasyon teorileri genellikle iki başlık altında incelenmektedir. Devletin regülasyon faaliyetlerini elde edilen kazanımlar açısından inceleyen yaklaşımlardan birincisi kamu çıkarı teorisi, bir diğeri de özel çıkar teorisidir. Bu iki teoriyi kısaca incelemeye çalışalım. (Aktan, 2005:102-107.)

Kamusal regülasyonları topluma sağlanan refah açısından inceleyen kamu çıkarı teorisi, regülasyonların ölçek ekonomilerinden, dışsal ekonomilerden, kamu mallarından, aksak rekabetten ve eksik enformasyon gibi çeşitli sebeplerden kaynaklanan piyasa başarısızlıklarının giderilerek toplumsal refahın maksimize edilmesi amacına dönük olarak uygulanması gerektiğini savunmaktadır. Bu teoriye göre regülasyon, piyasa başarısızlıklarını ortadan kaldırmak için sürdürülen politik çabaların bir sonucu olarak ortaya çıkmaktadır.[2]

Kaynak tahsisinde etkinliği sağlamanın en iyi yolunu devletin yaptığı regülasyonlarda gören kamu çıkarı yaklaşımı, ekonominin optimal etkinlik seviyesine ulaşabilmesi için düzenleyici vergilerin yanı sıra diğer regülasyon biçimlerinin de aktif bir şekilde kullanımını öngörür. Kamu çıkarı teorisi, refah kayıplarına (welfare loss) yol açan piyasa başarısızlıklarının telafi edilmesinde bir araç olarak kullanılabilmektedir.

Kamusal regülasyonlar konusunda ikinci yaklaşım "özel çıkar teorisi" dir. Özel çıkar teorisi, Chicago iktisat okulu ve Virginia politik iktisat okullarının önde gelen akademisyenleri tarafından geliştirilmiştir. Özel çıkar teorisine göre devletin uygulamaya koyduğu regülasyon politikaları çoğunlukla özel çıkar gruplarının menfaatlerine hizmet etmektedir. Toplumsal refaha katkıda bulunmak amacıyla uygulamaya konulan regülasyonlar, bazı imtiyazlı grupların çıkarlarına hizmet etmekten başka bir işe yaramamaktadır. Özel çıkar teorisini savunan iktisatçılara göre, iyi

---

[2] Michael Hantke-Domas,*"The Public Interest Theory of Regulation: Non Existence or Misinterpretation?"*, European Journal of Law and Economics", Vol:15, 2003, p.166. Bu konuda ayrıca bkz: Gary Becker., *"The Public Interest Hypothesis Revisited: A New Test of Peltzman's Theory of Regulation."*Public Choice. 49, 1986. pp. 223–234.

organize olan gruplar dağınık halde bulunan ya da yeterli düzeyde organize olamamış gruplara göre regülasyonlardan çok daha yüksek oranlarda istifade edecekler ve toplum yararına hizmet gayesiyle uygulamaya konan regülasyonlardan beklenen hiçbir yarar gerçekleşmemiş olacaktır. Sonuç olarak denilebilir ki, devletin kamu yararı önceliği bulunan regülasyonlar, iyi organize olmuş çıkar gruplarının yararına hizmet etmektedir.

Gary Becker, George Stigler, Richard Posner gibi Chicago iktisat okulunun önde gelen iktisatçıları tarafından öne sürülen kamu regülasyonları teorisine göre regülasyonlardan sadece regülasyonları belirleyen regülasyon kurumlarını ele geçirenler yararlanmaktadır.[3] Regülasyon kurumunun gerçekleştirdiği düzenlemelerden belirli bir büyüklük ve hacme ulaşmış firmalar faydalanmakta, bu düzeye ulaşamamış diğer küçük çaptaki firmalar ise bu regülasyonlardan yeterince yararlanmakta ve hatta olumsuz etkilenmektedirler. Regülasyon konularında iyi organize olmuş ve lobicilik yönünde örgütlenmiş büyük firmalar, iyi organize olamamış küçük firmalar karşısında yapılacak düzenlemeleri kontrol edebilme kabiliyetine ulaşmaları nedeniyle hakim konuma geç-

---

[3] Chicago okulu perspektifinden kamusal regülasyonlar konusunda bkz: Gary Becker., *"A Theory of Competition among Pressure Groups for Political Influence."* Quarterly Journal of Economics. 98(3), 1983, pp.371–400.; Gary Becker, *"The Public Interest Hypothesis Revisited: A New Test of Peltzman's Theory of Regulation."* Public Choice. 49, 1986. pp. 223–234.; Sam Peltzman., *"Toward a More General Theory of Regulation,"* Journal of Law & Economics 19, no. 2 (August 1976): 211.; Richard A. Posner, *"Theories of Economic Regulation."* Bell Journal of Economics and Management Science. 5(2), 1974 335–358.; Richard A. Posner, *"The Social Costs of Monopoly and Regulation,"* Journal of Political Economy 83 (August 1975): 807.; George J. Stigler, *"The Theory of Economic Regulation"*, Bell Journal of Economics and Management Science, Vol:2, 1971, pp.3-21.

mekte ve tüm düzenlemeleri kendi çıkarları doğrultusunda belirleyebilmektedirler. (Brown & Jackson, 1994: 49)

Chicago iktisat okulunun önde gelen temsilcilerinden Nobel ekonomi ödülü sahibi George Stigler *"Regülasyonun Ekonomik Teorisi"* isimli makalesinde dikkatleri kamu çıkarı teorisinden uzaklaştırarak çıkar gruplarının regülasyon politikalarını etkileyerek kamu rantlarını paylaşma konusundaki gayret ve çabalarına yoğunlaştırmıştır. Analizindeki temel aktörler, iş adamları ve politikacılardır ve bu kişiler için kamu çıkarından ziyade kendi kişisel çıkarları ön plandadır. İş adamları kendi kişisel kaynaklarını, menfaatlerine olacak kararların alınması doğrultusunda harcamaktan çekinmemektedirler. İş çevreleri rekabeti engelleyen ve ekonomik rant yaratan regülasyonları desteklemektedirler. (Stigler, 1971:3)

Stigler'a göre teamül olarak regülasyonlar, endüstrinin kendi yararına hizmet edecek biçimde endüstri tarafından belirlenmektedir. (Stigler, 1971:5) Endüstriye sübvansiyonlar (teşvikler) sağlanması, tarife ve tarife-dışı engeller ve saire sonuçta özel şirketlerin yararına sonuçlar ortaya çıkarmaktadır.

Öte yandan, kamu tercihi okulu mensuplarına göre toplumsal veya politik yaşamda karşılaşılan rant kollama çabaları, kamu regülasyonlarının bir sonucudur. Devlet müdahaleleri veya düzenlemeleri bireyleri ve özel grupları rant kollama faaliyetlerine yöneltmektedir. Devlet müdahaleleri neticesinde özel çıkar grupları, kaynaklarını regülasyonların etkileme alanı içerisine giren her türlü düzenlemeyi bertaraf etmeye veya etkileyerek kendi çıkarları doğrultusunda kullanmaya yöneltmektedirler. Kamu tercihi teorisi ağırlıklı olarak regülasyonların neden olduğu rant kollama faaliyetleri ve regülasyonların maliyetleri üzerinde durmaktadır.(Aktan, 2003)

Chicago iktisat okulu ve Virginia politik iktisat okulu mensuplarına göre iş dünyası, kamusal regülasyonlardan doğrudan etkilenmeleri nedeni ile kendilerini karar süreçlerinde müdahil olarak bulunma durumunda hissetmektedirler. Regülasyona tabi endüstriler kendi aralarında birleşerek dernek ve vakıf şeklinde çıkar grupları oluşturmakta ve bu lobicilik kurumları regülasyonları uygulamadan sorumlu uzmanları kendi taraflarına çekmeye çalışarak rant yaratma ve rant kollama faaliyetlerine girişmektedirler. (Carlton & Perloff, 200:652) Böylece devlet kurumlarını etkileme gücüne erişen her endüstri firması, regülasyonlar üzerinde kontrol hakkına sahip olmaktadır. Öte yandan, atanmış olsun veya seçilmiş olsun üst düzeyde yetkili kamu görevlilerinin, kendi hakimiyet alanlarının genişletilmesi veya servetlerinin çoğaltılması amacına dönük faaliyetlerde bulunmaları mümkündür. Regülasyona tabi tutulan firmalar, sahip oldukları kaynakların bir kısmını bu kişilerin görevde kalmalarını temin etmek için kullanabilirler ve görevdeki bürokratlar da firma sahiplerinin sağladıkları bu menfaatlere karşılık ilgili firma ya da endüstriye özel çıkarlar sağlarlar.

## V. KAMUSAL REGÜLASYONLARIN RASYONELİ: PİYASA BAŞARISIZLIKLARI

Piyasanın kendi halinde bırakıldığında ortaya çıkardığı bir takım başarısızlıklar devletin iktisadi regülasyonlara başvurmasının rasyonelini oluşturmaktadır. Geleneksel iktisat teorisinde, devletin piyasa ekonomisi üzerindeki regülasyonları; dışsal ekonomiler, ölçek ekonomileri ve doğal tekeller, kamu malları, aksak rekabet piyasalarının varlığı, taraflar arasında asimetrik enformasyonun mevcudiyeti, işlem maliyetlerinin yüksekliği ve yeni gelişmekte olan endüstrileri zararlı yabancı rekabete karşı koruma ve benzeri argümanlar ile açıklanmaktadır. Devletin regülasyonlarda bulunmasına yol açan bu sebeplerin başlıcalarını kısaca inceleyelim.

Geleneksel iktisat teorisinde piyasa başarısızlıklarının başında *dışsal ekonomiler* gelmektedir. Dışsal ekonomiler, bir iktisadi birimin üretim ve/veya tüketim faaliyeti neticesinde başka bir iktisadi birimin fayda ve/veya maliyet fonksiyonlarında etkilerde bulunması olarak tanımlanabilir.(Aktan & Tosuner, 1986) Dışsal ekonomiler, pozitif olabileceği gibi negatif de olabilir. Pozitif dışsal ekonomiler (dışsal faydalar) ve negatif dışsal ekonomiler (dışsal maliyetler) piyasa ekonomisinin optimal düzeyde işlerliğini engellemektedir. Negatif dışsal ekonomilere ilişkin en bariz örneklerin başında, çevre kirliliği gelmektedir. Negatif dışsallıkların mevcut olduğu durumlarda devlet, devreye girerek bir işletmenin başka ekonomik aktörlere veya topluma yüklediği zararları telafi etmek amacıyla cebri vergiler koyabilir veya firmanın çevreye verdiği zararı ortadan kaldırmak ya da en azından minimize etmek için firmaya filtre takma mecburiyeti getirebilir veya çevreye zarar veren ürünlerin üretiminin maliyetlerini artırıcı diğer önlemler alabilir. (Aktan, 2005:95) Böyle bir durum karşısında piyasa şartlarında makul düzeyde bir kar elde ederek piyasada var olmayı tercih eden firma üretimine devam edecek, fakat bunu çevreye zarar vermeyen üretim süreçlerini kullanarak gerçekleştirecektir.

Sadece negatif dışsal ekonomileri bertaraf etmek değil, aynı zamanda piyasada etkinliğe ulaşılmasını sağlamak amacıyla pozitif dışsal ekonomilere de müdahale edilmesi gerekli olabilir. Topluma olumlu katkılar yapan ekonomik aktörler, sağladıkları toplumsal katkının bir teşviki olarak faaliyetlerinde desteklenerek ödüllendirilebilir. Fakir, düşkün, öksüz, yetim vs. kesimleri koruyucu faaliyetler veyahut eğitim çağındaki bireyleri bilgilendirici bir eğitim faaliyeti veya yeşilliklerin korunarak ağaç dikilmesine yönelik kampanyalar devlet tarafından belirli şekil ve şartlar dahilinde organize edilebilir, başarılı çalışmalar ödüllendirilebilir, bu tür kampanyaların başarılı yöneticileri çalışmalarının devamı konusunda teşvik edilebilir. Tüm bu örnekler dışsal ekonomilerin varlığı nedeni ile yapılan kamu düzenlemelerinin sadece kısıtlama biçiminde olmadığını, ama aynı zamanda teşvikler de içerdiğini göstermektedir.

*Ölçek ekonomileri* ve *doğal tekel* piyasa başarısızlıklarına neden olan ikinci bir faktördür. Ölçek ekonomilerinin piyasada başarısızlıklara neden olmasına yol açan sebeplerin başında bu üretim faaliyetinin gerektirdiği hacim gelmektedir.

Sulama, kanalizasyon, posta, telekomünikasyon, doğal gaz, elektrik, demiryolu, denizyolu ve hava yolu taşımacılığından oluşan hizmetler ancak belirli bir ölçekten sonra karlı üretime izin verdiği için ölçek ekonomileri olarak isimlendirilmektedir. Geleneksel iktisat teorisine göre ölçek ekonomilerini oluşturan bu hizmetler, özel bir firmaya bırakıldığında toplum için zararlı olacağından regülasyona tabi tutulması toplum yararına olacaktır. Çünkü bu sektörlerden herhangi birinde tek bir firmanın üretimde bulunması piyasada adaletsizliğe neden olacaktır. Bu duruma sebep ise firmanın üretim düzeyini daha düşük bir düzeyde belirleyerek daha yüksek fiyattan yaptığı satış sayesinde aşırı karlar elde etmesidir. Böyle bir durum tasvip edilmeyeceği için üretimin devletin tekelinde gerçekleştirilmesi, özel tekel eliyle gerçekleştirilmesine göre daha tercih edilebilir bir durumdur. İşte bu noktada ölçek ekonomilerinin mevcudiyeti nedeniyle piyasada oluşan başarısızlık, bu tür hizmetleri devletin üzerine alması ile sonuçlanmaktadır.

Özetle, geleneksel iktisat teorisine göre sektörde bir firma tekel durumuna geldiği zaman, söz konusu firmanın fiyatı, rekabet düzeyinin üstüne çıkararak ve üretimini rekabetçi piyasanın yol açacağı düzeyin altına düşürerek karını maksimize etmek için bu piyasadaki hakimiyetini kullanması ihtimali vardır. Fiyat, üretimin marjinal maliyetinin üzerinde oluşacağı için, teorik olarak toplam sosyal refah maksimum erişilebilir düzeyin altında olur. Bu yüzden, bazı iktisatçılar bu tür doğal tekellerin "piyasa başarısızlığı"nı ifade ettiğini ve bunun fiyatları ve fiyatın üretimin marjinal maliyetlerine daha yakın olacağı böyle bir sektörde ürün düzeyini regüle etme konusunda devlet müdahalesini gerektirdiğini savunurlar.[4]

Piyasada aksaklıklara yol açan üçüncü etkeni *kamu malları* oluşturmaktadır. Bölünemeyen, pazarlanamayan, tüketiminde dışlamanın mümkün olmadığı mallara kamu maliyesi literatüründe "tam kamusal mallar" adı verilmektedir. İç ve dış güvenlik ile adalet ve diplomasi hizmetleri tam kamusal hizmetlere örnek olarak gösterilebilir. Bu tür hizmetler tümüyle piyasa ekonomisi tarafından sunulamayacağından devletin bu hizmetleri sunması kaçınılmaz olmaktadır.

Merit mallar olarak isimlendirilen ve toplumda sosyal adalete hizmet eden faaliyetlerin de tam anlamıyla özel sektör tarafından sunumu mümkün değildir. Devletin, sosyal adaletin ve fırsat eşitliğinin gerçekleşmesine yardımcı olan bu tür mal ve hizmetlerin sunumunda özel sektöre teşvikler sağlaması mümkündür. (Aktan, 2005:98)

Öte yandan geleneksel kamusal mallar teorisinde *"yarı kamusal mallar"* olarak nitelendirilen eğitim, sağlık, sosyal güvenlik gibi hizmetlerin tek başına devlet tarafından sunulması arzu edilmemektedir. Bu tür hizmetlerin sahip olduğu dışsal ekonomiler özelliği devlet müdahalesinin rasyonelini oluşturmaktadır.

---

[4] Bu konuda detaylı bilgi ve analizler için bkz: Coşkun Can Aktan, Dilek Dileyici ve İstiklal Y. Vural., Altyapı Ekonomisi, Ankara: Seçkin Yay., 2004.

Piyasa aksaklıklarının dördüncüsünü *aksak rekabet* oluşturmaktadır. Bilindiği gibi tam rekabet piyasaları, çok sayıda alıcı ve satıcı bulunan, piyasaya giriş çıkış serbestisi sağlanmış, homojen malların bulunduğu ve bütün piyasa ilişkilerinin açıkta cereyan ettiği bir piyasa modelidir. Yukarıdaki şartların hep birlikte sağlanması halinde *"tam rekabet"* söz konusudur. Ancak gerçek hayatta bu şartların hemen hiçbirinin tam olarak sağlanamayacağı, bu nedenle de bu koşulların "soyut bir varsayım" dan öteye gidemeyeceği bilinmektedir. Tam rekabet piyasalarını ulaşılması olanaksız bir ütopya haline getiren nedenleri kısaca şu şekilde özetleyebiliriz:

İlk olarak, günümüzde piyasalarda haberleşme ve bilgi elde etme olanaklarının farklılığı nedeniyle tam rekabet piyasasının "şeffaf" olma özelliği gerçekleştirilememektedir.

İkinci olarak aynı ihtiyacı karşılamaya yönelik mal ve hizmet türleri arasında piyasada çoğunlukla bir benzerlik söz konusu değildir. Bu durum bazı firmaları, diğerlerine oranla üstün kılmakta ve tam rekabetten sapmalar yani aksak rekabet söz konusu olmaktadır.

Üçüncü olarak, günümüz piyasalarında mal ve hizmetlerin üretim ve tüketiminde *"tercih özgürlüğü"* hemen hemen hiç yoktur. Bireyler açısından tercih özgürlüğü, bireylerin piyasada üretilmesini istedikleri mal ve hizmetlerin nelerden ibaret olacağına karar vermeleri ile ilgilidir. Ancak gerçek hayatta başta reklamlar olmak üzere birçok faktör bireysel tercihlerin sapmasına neden olmaktadır. Firmalar açısından tercih özgürlüğünün anlamı ise şudur; firmalar üretim faktörlerinin kullanımında özgür olabilmelidirler. Diğer bir deyişle, firmalar emeğin, sermayenin ya da diğer üretim faktörlerinin hangi mal ve hizmet üretiminde ve ne bileşimde kullanılacağına özgürce karar verebilmelidirler. Ancak günümüzde bu tercih özgürlüğü de devletin uyguladığı çeşitli politikalarla önemli ölçüde sınırlanmaktadır.

Ayrıca tam rekabet piyasalarının *"atomisite"* özelliği de günümüz piyasalarında işleyememektedir. Özellikle mal piyasalarında aksak rekabetin söz konusu olması nedeniyle satıcılar kendi aralarında anlaşarak centilmen anlaşmaları yaparak, kartel, tröst, holding vb. kurumlar oluşturarak fiyatları istedikleri şekilde belirleyebilmektedirler.

Özetle, piyasada tam rekabetin kendiliğinden varolamayacağı gerçeği devletin piyasada fonksiyonel rekabeti tesis etmeye yönelik yapısal regülasyonlara başvurmasını kaçınılmaz kılmaktadır.

Piyasa aksaklıklarına sebep olan ve dolayısıyla kamusal regülasyonların rasyonelini açıklayan bir diğer argüman *asimetrik enformasyon*dur. Sahip olduğu malını satma kararı alan birey malının gerçek değerini bilmesine karşın, o mala talip olan alıcı, malın kalitesi ve fiyatı konusunda tam bir bilgiye sahip değildir. Yani, taraflar arasında bir enformasyon asimetrisi bulunmaktadır. Birinin bildiğini diğerinin tam bilmediği bir işlem mevcuttur. Başka bir durumda ise tüketicilerin bildirimlerine ihtiyaç duyan sigorta sektöründe karakteristikleri tam anlamıyla belirlenemeyen bir çok müşterinin aynı risk grubuna sokulması nedeni ile satıcı firma açısından bir asimetrik bilgilenme vardır. (Aktan, 2005:100) Piyasanın aktörlerinin içinde bulunduğu bu açmazlar devleti, eylem ve işlemlerin daha öngörülebilir bir düzlemde gerçekleşmesini sağlayacak regülasyon politikaları uygulamaya iter.

Buraya kadar yaptığımız açıklamalardan anlaşılacağı üzere piyasa ekonomisi muhtelif nedenlerden dolayı başarısızlıklara uğramakta ve optimal etkinlikte işlerlik gösterememektedir. Piyasanın başarısızlığı ise kamusal regülasyonlara başvurulmasına gerekçe oluşturmaktadır.

## VI. KAMUSAL REGÜLASYONLARIN FAYDA VE MALİYETLERİ

Önceki bölümlerde açıkladığımız üzere piyasa ekonomisi kendi tabii işleyişine bırakıldığında her zaman optimal sonuçlar elde etmek mümkün olmamaktadır. Piyasa başarısızlıklarının bir kısmı mutlaka kamusal müdahale ya da düzenlemelere ihtiyaç göstermektedir. Örneğin, tamamen bölünemeyen, pazarlanamayan ve kollektif tüketime konu olan savunma, adalet ve diplomasi gibi kamusal malların üretiminin özel kesim tarafından gerçekleştirilmesi oldukça güç, hatta imkansızdır. Bu nedenle, bu tür hizmetlerin sunulması için devletin ekonomiye müdahalesi gerekli olmaktadır. Bununla birlikte tam kamusal mallar dışında diğer kamusal malların (yarı kamusal mallar, merit mallar vs.) üretiminin devlet tarafından üstlenilmesi zorunlu değildir. Bu tür mal ve hizmetler özel ve üçüncü sektör (kar amacı gütmeyen özel sektör) tarafından da sunulabilir. Söz konusu bu mal ve hizmetlerde kamusal müdahale ya da regülasyonun hem faydaları hem de maliyetlerinin dikkate alınması ve ancak faydaların maliyeti aştığı durumlarda kamusal regülasyonlara başvurulması gerektiğini söyleyebiliriz.

Piyasanın etkin işlerliği için gerekli bir şart olan rekabet de her zaman piyasada kendiliğinden fonksiyonel işlerliğe sahip değildir ve olamaz. Rekabete fonksiyonel işlerlik kazandırmak, bir diğer ifadeyle haksız ve yıkıcı rekabeti ortadan kaldırmak, aksak rekabet piyasalarına gerektiğinde müdahalelerde bulunmak kaçınılmazdır. Yapısal regülasyon olarak adlandırılan bu tür kamusal regülasyonların faydalı ve dolayısıyla gerekli olduğunu söyleyebiliriz.

Önemle belirtelim ki, geleneksel iktisat teorisinde yer alan piyasa başarısızlıkları argümanları her zaman kamusal regülasyonlara başvurulması için yeterli ve ikna edici değildir. Uzun yıllar eğitim, sağlık ve sosyal güvenlik gibi yarı kamusal mallar; enerji, posta ve telekomünikasyon, demiryolları ve denizyolları gibi hizmet alanları "kamusal mallar" kategorisinde düşünülmüş ve bu mal ve hizmetlerin devlet tarafından sunulması savunulmuştur. Oysa günümüzde bu tür mal ve hizmetlerin çeşitli nedenlerle özel kesim tarafından sunulması yönünde bir eğilimin tüm dünyada yaygınlaştığını gözlemleyebiliyoruz. Sonuç olarak, geleneksel piyasa başarısızlığı teorisine bakarak kamusal regülasyonlara meşruiyet yolu aramak günümüz açısından ikna edici bir yaklaşım değildir. Yukarıda da belirttiğimiz üzere bu tür mal ve hizmetlerin kamu ya da özel kesim tarafından sunulmasının sağlayacağı fayda ve maliyetlerin çok iyi analiz edilmesi önem taşımaktadır.

Kamusal regülasyonlara başvurulmadan önce söz konusu regülasyonların ortaya çıkaracağı muhtemel maliyetlerin bilinmesinde yarar vardır. Bu konuyu kısaca ele almaya çalışalım. (Aktan, 2005)

Düzenleyici devletin sebep olduğu maliyetlerin başında *idari maliyetler* gelmektedir. Hükümetlerin, regülasyonların yaratılması, uygulanması ve sürdürülmesi için harcamalar yapmaları gerekmektedir. Bu harcamaların bir kısmı fiziki altyapı harcamaları, diğer bir kısmı ise personel harcamalarına yöneliktir.

Öte yandan her kamusal regülasyon özel sektör için uyum maliyetleri (compilance costs) anlamına gelir. Bireyler ve firmalar, kamusal regülasyonların gerekli kıldığı şartları yerine getirmek için fiziki ve personel harcamalar yapmak zorundadırlar. Uyum maliyetleri; *"işlem maliyetleri"* (transactions costs) ve *"bilgi edinme maliyetleri"* den oluşur.

Bireylerin ve firmaların zamanlarının önemli bir kısmını kamusal regülasyonların gereğini yerine getirmek için harcamaları sonuçta *"fırsat maliyeti"* (opportunity costs) adı verilen bir başka maliyeti de ortaya çıkarır. Fırsat maliyeti, kamusal regülasyonlar dolayısıyla katlanılan idari ve işlem maliyetlerinin toplamına eşittir.

Kamusal regülasyonların bir diğer maliyeti de "rant kollama" faaliyetleri dolayısıyla ortaya çıkmaktadır. *Rant kollama maliyetleri,* regülasyonların sebep olduğu maliyetlerin belki de en yıkıcı ve en tahripkar olanıdır.[5] Çünkü rant kollama faaliyetlerinin etkisi, içinde bulunulan dönemle sınırlı kalmamakta gelecek dönemlere de yansımaktadır. Ağırlıklı olarak monopollere ilişkin imtiyaz kapma yarışı şeklinde görülebilen rant kollama faaliyetleri, devlet tarafından harcamada bulunulan tüm sektörler ve hizmetler için görülebilir. Rant kollama, kıt kaynakların yapay olarak yaratılan transferlere yönlendirilmesi anlamına gelmektedir. (Tollison, 1982:578) Rant kollama çabaları günlük yaşamda monopol kollama, tarife kollama, lisans kollama, teşvik ve sübvansiyon kollama şekillerinde görülebilir.[6] Devletin planladığı politikalar gereği belirlediği sektörler veya kesimler için dağıttığı avantajların kullanılabilmesi için firmalar arasında bir yarışın olması doğaldır.

Rant kollamanın milli gelir üzerinde katkı sağlayıcı bir etkisi yoktur. Aksine rant kollayan kesimin bu faaliyetleri için ayırdıkları zamanı üretken faaliyetlere ayırmaları halinde elde edecekleri kazançlar ülkenin milli gelirindeki kayıpları oluşturur. Yasal dahi olsa rant kollama yararsız bir faaliyettir. Rant kollamayı yaratan sürecin rüşvet, kayırmacılık, yozlaşma gibi sebeplerle yasal bir düzlemde oluşmaması, devletten servet transferi elde etme çabalarını daha da güçlendirmektedir. (Aktan, 1993:120)

---

[5] Rant Kollama konusunda öncü çalışmalar için bkz: Gordon Tullock, "The Welfare Costs of Tariffs, Monopolies, and Theft," Western Economic Journal 5 (June 1967): 224.; Anne O. Krueger, "The Political Economy of the Rent-Seeking Society," American Economic Preview 64 (June 1974): 291; Richard A. Posner, "The Social Costs of Monopoly and Regulation", Journal of Political Economy 83 (August 1975): 807.

[6] Rant kollama ve türleri konusunda bkz: Aktan, 2003.

Regülasyonların sebep olduğu maliyetlerden bir diğerini de *refah kayıpları (welfare loss)* oluşturur. Demiryolları, posta ve telekomünikasyon, elektrik, doğal gaz ve su temini hizmetlerini bünyesinde barındıran doğal tekel uygulamaları, bir çok ülkede kamu imtiyazları tarafından gerçekleştirilmektedir. Devlet tarafından kendisine verilen tekel yetkisini kullanan tekel işletmeleri, mülkiyeti ister kamuda ister özel sektörde olsun toplumun refahında kayıplara sebep olmaktadır. Çünkü tekelde daha yüksek fiyatlardan satış yapılabilmesi amacıyla üretimin kısılması anlayışı hakimdir. Bu durum piyasada yapay bir kıtlığın ortaya çıkmasına neden olmaktadır. Buna ek olarak ülke kaynakları, tekel endüstrisini besleyen bir kısır döngünün devamı için savurganca harcanmaktadır.

Monopol karlarının mevcudiyeti nedeniyle kaynakların monopol elde etmeye yöneltilmesi ile birlikte ortaya çıkan fırsat maliyeti ülkenin uğradığı başka bir refah kaybını oluşturur. (Posner, 1974:2)

Posner'e göre; tekel karını elde etmeye yönelik bir imkanın olması, kaynakları tekel konumunu elde etmeye yönelik çabalara yönlendirecektir ve bu kaynakların fırsat maliyetleri de tekelin sosyal maliyetlerinden olur. Yani doğal tekelin yol açtığı sosyal maliyet sadece refah kaybını içermez, bunun yanında tekel konumunu elde etmeye yönelik çabalar sonucunda ortaya çıkan ek kayıpları da kapsar. (Posner, 1974:1-2)

Kamusal regülasyonların topluma yüklediği maliyetlerin nasıl oluştuğunu anlamamız açısından *kaynakların yanlış yönlendirilmesi* konusu da önemlidir. Bürokratların rehberliğinde kamusal politikaları belirleyen politikacılar, halkın tasarladıkları politikalar hakkında tam enformasyona sahip olmamalarından da hareketle yönetme imkanına sahip oldukları finansal kaynaklarını hesap verme zorunluluğu hissetmeden harcayabilmektedirler. (Aktan, Ağcakaya ve Dileyici, 2004:171)

## VII. KAMUSAL REGÜLASYONLARININ KALİTESİNİN ARTTIRILMASINA YÖNELİK OECD KONSEYİ'NİN TAVSİYELERİ

Kamusal regülasyonların kalitesi, sürdürülebilir bir global ekonomik büyümenin şartlarını oluşturmaya çalışan herkesi ilgilendirmektedir. Vatandaşların yaşam kalitelerinin artırılmasında regülasyon kalitesinin artırılması hayati derecede önemlidir. OECD Konseyi'nin 9 Mart 1995 tarihinde kabul ettiği *"Kamusal Regülasyonların Kalitesinin Artırılması Üzerine Tavsiyeler"* başlığını taşıyan çalışmada regülasyonlar konusunda başlıca şu görüş ve tavsiyeler yer almıştır. (OECD, 1995.)

- Regülasyonların karar süreçlerinde kurumsal ve prosedürel stratejilerin iyileştirilerek regülasyon kalitesinin artırılması,
- Regülasyon etkinliğini artırmak ve maliyetleri düşürmek için daha verimli bir regülasyon sistemi yönetiminin geliştirilmesinin desteklenmesi,
- Regülasyonların etkin olarak uygulanması ve aynı zamanda kamusal regülasyonlara alternatif yöntemlerin bulunması ve bu yöntemlerin uygulanmasının teşvik edilmesi,
- Uluslararası regülasyon sisteminin meşruiyetinin ve uygulamadaki etkinliğinin güçlendirilmesi.

Söz konusu OECD Konseyi'nin kabul ettiği tavsiye metninde yer alan başlıca önerileri de kısaca özetlemekte yarar bulunmaktadır.[7]

Devletin uygulamayı düşündüğü regülasyonların ne şekilde ve nasıl gerçekleştirileceğine ilişkin olarak sorunun esası açık ve net

---

[7] Buradaki açıklamalar şu kaynaktan özetlenerek aktarılmaktadır. OECD, Recommendation of the Council of the OECD on Improving the Quality of Government Regulation, Paris: OECD Publication, 1995. (PDF)

bir şekilde ortaya konmuş olmalıdır. Böyle bir işlemin gerektiği biçimde yapılması, potansiyel çözümlere dair önemli ipuçları sunacak ve uygun olmayan çözümlerin ortadan kaldırılmasına yardımcı olacaktır. Birçok problem, farklı yollardan etkide bulunmaları sebebiyle çok yönlüdür. Bu nedenle hükümetler ve bürokrasi, hedeflerin tam tanımlamalarının yapılmasına ve sebepler ile sonuçlar arasında doğru ilişkilerin kurulmasına özen göstermelidirler. Regülasyona yol açan sebeplerin regülasyondan sonra ortadan kalkıp kalkmadığı incelenmelidir. Tüm problemlerin devlet tarafından çözülmesinin imkan dahilinde olmaması nedeniyle devlet müdahalesiyle ortadan kalkabilecek sorunlar ve devletin etki alanının sınırlı olduğu yerler belirlenmelidir.

Devletin yürürlüğe koymayı planladığı regülasyonlar, ilgili kesimler ve taraflar tarafından kabul görmelidir. Devlet faaliyetlerinin faydalarına mukabil doğuracağı maliyetler değerlendirilmelidir. Devlet müdahalelerinin dışında özel sektörün ve bireylerin problemlerin çözülmesindeki kapasitesi göz önüne alınmalıdır. Bazı durumlarda bugünün sorunlarını geçmişin müdahaleleri ortaya çıkarabilmektedir. Bu nedenle çözüm, yeni müdahalede bulunmak yerine mevcut müdahalelerin azaltılması yönünde olmalıdır. Hükümetlerin ve bürokrasinin sorunlar ortaya çıktıktan sonra yaptığı yetersiz ve gecikmiş müdahalelerinin yerini, periyodik bir süreçte gerçekleşerek sorunları eş zamanlı olarak ortadan kaldıran bir regülasyon süreci almalıdır. Globalleşme sürecinde devletlerin yaptığı müdahalelerin uluslararası düzeyde etkilerinin olması nedeniyle tüm devlet regülasyonlarının bu düzlemde gerçekleşmesi beklenmektedir.

Ortaya çıkan sorunun devlet eliyle çözüme kavuşturulmasında en iyi çözümün kamusal regülasyonlar olup olmadığı araştırılmalıdır. Nasıl bir müdahalede bulunulacağına ilişkin karar, nereye kadar müdahalede bulunulacağı sorusu kadar önemlidir. Devlet birbirinden oldukça farklı sonuçlar, fayda ve maliyetlerle birlikte idari zorunluluklar da ortaya çıkaran regülasyon seçeneklerinden herhangi birini seçme imkanına sahiptir. Alternatif seçeneklerin başarılı bir şekilde uygulanması sorunların çözümünde önemli yararlar sağlaması açısından önemlidir.

Kamusal regülasyonların toplum tarafından benimsenmesi için hukuk kurallarına riayet edilmelidir. Tüm OECD ülkelerinin uygulamayı düşündüğü kısıtlamalar konsensüs içerisinde, mevcut yasal otoritelere göre temellendirilmeli ve sadece bu konunun yetkilisi tarafından uygulanmalıdır. Ülkelerde devletin regülasyon güç ve yetkisinin bağımsız idari otoritelere devredilmesiyle yasallığın sağlanması konusunda zorluklarla karşılaşılması hususu da bu noktada göz önünde bulundurulmalıdır. Regülasyonlar konusunda yetkilendirilen otoritelere yetkilerinin devri, belirli sınırlar dahilinde ve mümkün olan en açık şekilde yapılmalıdır. Uluslararası norm ve anlaşmaları da içeren mevzuatla regülasyonların uyum içerisinde olup olmadığı anahtar bir soru olarak sorulabilir. Yasal zeminin sürekliliği açısından yeni regülasyonlar, mevcut regülasyonlarla tam bir uyum içerisinde olmalıdır.

Devletin kamusal regülasyonları hangi düzeyde uygulayacağı belirlenmelidir. Devletler regülasyon yetkilerini yerel, ulusal ve uluslararası düzeylerde dağıtırken tercihlerinde daha dikkatli davranmalıdırlar. Burada yetkinin düzeyi tespit edilirken regülasyon gücünün yerel mi yoksa bölgesel mi olduğu, geniş bölgeler arasında ölçek ekonomilerinin mevcut olup olmadığı, yönetimin farklı seviyeleri arasında kurumsal kapasitelerin neler olduğu gibi sorunların cevaplarının verilmesi gerekmektedir. Bir çok durumda ulusal politikalarda birliği sağlama çabasının bir sonucu olarak regülasyon standartları, yerel farklılıklara duyarlılıklar gösterilerek ortadan kaldırılmaktadır.

Uygulanması düşünülen kamusal regülasyonlara karşılık ortaya çıkması muhtemel maliyetler iyi analiz edilmelidir. Karar verme konumunda bulunanların cevap vermeleri gereken en önemli soru problemin çözümünde en düşük maliyeti ve en yüksek faydayı sunan yaklaşımın hangisi olduğunun bulunmasıdır. Burada hedef politika uygulayıcılarının regülasyonların net fayda sağlayacağı yönünde doğru soruları sorarak güvenilir yargılara ulaşmasıdır. Bugün bir çok OECD ülkesinde ekonomik regülasyonların maliyetleri ve beklenen yararların değerinin ne olduğu konusu doğru olarak ortaya konmamaktadır. Düzenleyicilik yetkisine sahip otoriteler rutin olarak her düzenleyici önerinin beklenen maliyetini ve faydasını tahmin ederek, mümkün alternatifleri uygulanabilir bir formatta idari ve politik karar alacılarına sunmalıdırlar. Bu tahminlerde regülasyonların iş dünyasına, vatandaşlara ve kamusal regülasyonlardan etkilenecek diğer tüm kesimlere olan etkileri gözardı edilmemelidir.

Öte yandan, kamusal regülasyonların toplum üzerinde doğuracağı etkiler net bir şekilde ortaya konmalıdır. Regülasyon kurumları tarafından devlet müdahalesinden etkilenen kesimler ve sosyal gruplar arasında düzenleyici maliyetler ve faydaların dağılımı şeffaf bir şekilde gerçekleşmelidir. Sıklıkla regülasyonların ortaya çıkardığı maliyetler, regülasyonlardan fayda sağlayanlara yansıtılmamaktadır.

Kamusal regülasyonlar, bu regülasyonlardan etkilenecek muhataplar için açık, anlaşılır, kapsayıcı ve ulaşılabilir olmalıdır. Kamusal düzenlemeleri istenildiği şekilde yerine getirmekten sorumlu kesimler, kuralların muhataplar tarafından iyi anlaşılıp anlaşılmadığını iyi değerlendirmelidirler. Açık ve anlaşılır bir dil kullanımı kurallarla ilgili öğrenme maliyetlerini düşürerek uygulamadan doğabilecek aksaklıkları minimize edecek ve uyum sağlamayı kolaylaştıracaktır. Kamusal regülasyonları gerçekleştiren kurumlar ayrıca regülasyon metinlerinde birliği tesis etmeli, ifadelerdeki mantıksal tutarlılığı korumalı ve tanımlamalardaki yeterliliği sağlamalıdırlar.

İlgili tüm taraflar kamusal regülasyonların hazırlanması aşamasında görüşlerini sunma fırsatına sahip olmalıdırlar. Regülasyonlar açık ve şeffaf bir tarzda geliştirilmelidir. Regülasyona tabi olacak iş kolları, meslek örgütleri, ticari birlikler, çevre ve tüketici organizasyonları ile devletin ilgili kademeleri uygun prosedürler ve yeterli bilgiler dahilinde regülasyonların oluşumuna katkıda bulunmalıdırlar. Halka danışılmasının getireceği kazanımların önemini kavrayarak regülasyonlar, idareciler tarafından regülasyonun amacını, alınan kararları, devlet müdahalesini gerekli kılan sebepleri ve bu müdahalelerden beklenen fayda ve maliyetleri halkın kolay ulaşabileceği bir formatta sunmaya özen göstermelidirler.

Kamusal regülasyonların oluşturulması sürecinde halkın katılımının sağlanması, regülasyon kalitesinin artırılmasında en önemli unsurlardandır. Böyle bir süreç;

- Regülasyonlardan doğrudan etkilenenlerin alternatif fikirlerinin öğrenilmesini ve farklı perspektiflerin tartışılmasını sağlayacağı,
- Regülasyon kurumları ile çakışan çıkarlar arasında bir denge kurulmasına yardımcı olacağı,
- Dile getirilmeyen problemlerin ve politik etkilerin ortaya çıkmasını temin edeceği,
- İdarenin fayda ve maliyetler üzerinde etkin bir kontrol elde etmesine imkan tanıyacağı,

- Devletin faklı kesimleri arasında regülasyonların etkileşimini temin edeceği

için uygulamadan beklenen sonuçların verimi açısından oldukça yararlıdır.

Kamusal regülasyonlara uyumun nasıl sağlanacağı yetkililerce üzerinde düşünülerek dikkatli bir şekilde planlanmalıdır. Regülasyon sürecinde eğitim, danışmanlık, ikna, teşvik, iktisadi teşvikler, takip, icraat ve yaptırım aşamaları en zayıf kısımları oluşturmaktadır. Uygulanması düşünülen teşvikler tayin edildikten sonra idareciler, regülasyonlara uyumlu çok yönlü stratejiler belirlemelidirler. Birlikler, ticaret odaları ve işletmeler bu faaliyetlerin izlenmesinde yetkilendirilebilirler.

OECD Konseyi'nin kamusal regülasyonların kalitesinin arttırılmasına yönelik tavsiyelerini bu şekilde özetledikten sonra şimdi yukarıdaki açıklamalarımız çerçevesinde başlıca tavsiyeleri bir şekil üzerinde özet olarak sunmaya çalışalım. Şekil-1'den anlaşılacağı üzere kamusal regülasyonların kalitesinin arttırılması konusunda ilk yapılacak iş sorunun teşhis edilmesidir. Mevcut sorunun açık biçimde ortaya konulmasının ardından söz konusu sorun ve/veya sorunların çözümünün devlet müdahalesi ya da kamusal regülasyona bağlı olup olmadığının çok iyi biçimde ortaya konulması gerekir.

Şekil-1: Kamusal Regülasyonların Kalitesinin İyileştirilmesine Yönelik OECD Önerileri

| | |
|---|---|
| Öneri 1 | Tanı:problemin açık olarak ortaya konulması |
| Öneri 2 | Problemin çözümü için kamusal regülasyona gerek olup olmadığının belirlenmesi |
| Öneri 3 | Problemin çözümü için kamusal regülasyonların en iyi çözüm olup olmadığının tespit edilmesi |
| Öneri 4 | Kamusal regülasyonlar için hukuki bir temelin oluşturulması |
| Öneri 5 | Kamusal regülasyonların hangi düzeyde uygulanacağının belirlenmesi |
| Öneri 6 | Kamusal regülasyonların fayda ve maliyetlerinin tespit edilmesi |
| Öneri 7 | Regülasyonların toplum üzerinde doğuracağı etkilerin açık bir biçimde ortaya konulması |
| Öneri 8 | Regülasyonların muhatapları için açık, anlaşılır ve ulaşılabilir olup olmadığının belirlenmesi |
| Öneri 9 | Tüm taraflara regülasyonların hazırlanması aşamasında görüşlerini ortaya koyma imkanının verilmesi |
| Öneri 10 | Regülasyonlara uyumun nasıl sağlanacağının planlanması |

Kaynak: OECD, Recommendation of the Council of the OECD on Improving the Quality of Government Regulation, Paris: OECD Publication, 1995, adlı çalışmadaki açıklamalardan yararlanarak tarafımızca oluşturulmuştur.

Üçüncü aşamada, eğer kamusal regülasyona gerek var ise en iyi kamusal regülasyon çözümünün araştırılması gerekir. En iyi çözümün bulunmasının ardından hukuki altyapı hazırlanmalıdır. Öte yandan, kamusal regülasyonların hangi yönetim düzeyinde (merkezi yönetim ya da yerel yönetim düzeyinde) yapılacağı kararlaştırılmalıdır. Tüm bu çalışmalar yapılırken, kamusal regülasyonların fayda ve maliyetlerinin analiz edilmesi, regülasyonun etkilerinin ortaya konulması, regülasyonların açık, anlaşılabilir ve basit olması gibi hususların da dikkate alınması önem taşımaktadır.

## VIII. SONUÇ

Devlet regülasyonları günlük yaşamımızın hemen her alanında görülebilmektedir. Kamusal regülasyonların uygulanmasının başlıca nedeni piyasa başarısızlıklarıdır. Ancak piyasa başarısızlıklarının azaltılması ya da ortadan kaldırılmasına yönelik kamusal regülasyonlar her zaman arzu edilir sonuçlar ortaya çıkarmayabilir. Bu konudaki teorik ve ampirik literatür kamusal regülasyonların toplumun yararına sonuçlar doğurabileceği gibi bazı özel çıkar gruplarının çıkarlarına da hizmet edeceğini ortaya koymaktadır.

Regülasyonların uygulanması konusundaki en büyük açmaz, regülasyonlara ilişkin hedefler tam olarak tayin edilse bile kamu faaliyetlerine karşı genel olarak kayıtsız olan halka karşılık bazı iyi organize olmuş özel çıkar gruplarının bu regülasyonları kendi çıkarları doğrultusunda oldukça etkin bir lobicilik faaliyeti içerisinde yönlendirmesidir. Sonuç olarak başlangıçta son derece iyi niyetlerle kamu yararına dönük olarak uygulamaya konulan regülasyon politikaları, belirli bir noktadan sonra sınırlı sayıdaki özel çıkar grubunun yararına hizmet eder hale gelmektedir.

Devlet müdahaleleri ya da kamusal regülasyonlar konusunda cevaplanması güç, fakat gerekli olan sorular şunlardır: Devlet hangi alanlarda ve hangi araçları kullanarak piyasa ekonomisine müdahalede bulunmalıdır? Piyasa ekonomisinin etkin işlerliğini sağlayacak kamusal regülasyonlar nelerdir? Kamusal regülasyonlar hangi aşama ve sınırlarda piyasa ekonomisinin etkin işlerliğini bozar? Bu ve benzeri soruların cevaplanması sanıldığı kadar kolay değildir.

Piyasa başarısızlığı teorisi, kamusal regülasyonların rasyonelini ve meşruiyetini ortaya koymaya çalışırken, devletin başarısızlığı teorisi kamusal regülasyonların bireyler, firmalar ve tüm toplum üzerinde doğuracağı olumsuz sonuçları ve maliyetleri analiz emektedir. Optimal ve rasyonel bir kamusal regülasyonlar teorisi oluşturabilmek için her iki teoriye de ihtiyaç bulunmaktadır.

## KAYNAKLAR


Aktan, Coşkun Can, *"Regulation and Control vs. Deregulation and Decontrol"*, DEÜ İİBF Dergisi, Cilt:8, Sayı:2, 1993.

Aktan, Coşkun Can & Serpil Ağcakaya & Dilek Dileyici, "*Kamu Maliyesinde Hesap Verme Sorumluluğu ve Mali Saydamlık*", içerisinde: C.C.Aktan, D. Dileyici ve İ.Y. Vural, Kamu Maliyesinde Çağdaş Yaklaşımlar, Ankara: Seçkin Yayınları, 2004.

Aktan, Coşkun Can, *Kamu Ekonomisi ve Kamu Maliyesi,* İzmir: Anadolu Matbaacılık, 2001.

Aktan, Coşkun Can., *"(Im) Possibility of Rational Regulation"*, in: C.Can Aktan, Perspectives on Economics, Politics and Ethics: Selected Essays, Ankara: Seçkin Yayınevi, 2005. (Paper presented at the 2nd International Conference of the Japan Economic Policy Association, "New Economic Governance: The Limit of National Policy and Role of Private Sector", Japan Economic Policy Association (JEPA), November 29-30, 2003, Nagoya University, Japan.)

Aktan, Coşkun Can, 21. Yüzyıl İçin Yeni Bir Devlet Modeline Doğru: Optimal Devlet, İstanbul: TÜSİAD Yayını, 1995.

Aktan, Coşkun Can, Dilek Dileyici ve İstiklal Y. Vural., Altyapı Ekonomisi, Ankara: Seçkin Yayınevi, 2004.

Aktan, Coşkun Can ve Mehmet Tosuner., *"Dışsal Ekonomiler"*, DEÜ- İİBF Dergisi, Cilt 1, Sayı 1, 1986. S. 39-55.

Aktan, Coşkun Can (Editör)., Yasal Soygun, İstanbul: Zaman Kitap, 2003.

Becker, Gary., *"A Theory of Competition among Pressure Groups for Political Influence." Quarterly Journal of Economics.* 98(3), 1983, pp.371–400.

Becker, Gary., *"The Public Interest Hypothesis Revisited: A New Test of Peltzman's Theory of Regulation." Public Choice.* 49, 1986. pp. 223–234.

Brown, C. V&P. M. Jackson, *Public Sector Economics,* 4th edition, Oxford, Blackwell, 1994.

Carlton, Dennis & Perloff, Jeffrey M., Modern Industrial Organization, New York,: Addison Wesley, 2000.

Crew, Michael A.&Kleindorfer, Paul R., "*Regulatory Economics: Twenty Years of Progress?,* Journal of Regulatory Economics: 21:1, 2002, pp.5-22

Gattuso, James L., Comments on Draft Report to Congress on the Costs and Benefits of Federal Regulations, The Heritage Foundation, Office of Management and Budget, 28.5.2002

Guasch, Lois, & Robert W. Hahn., *"The Benefits and Costs of Regulation: Some Implications for Developing Countries",* March-1997. (PDF.)

Hantke, Domas Michael, *"The Public Interest Theory of Regulation: Non Existence or Misinterpretation?",* European Journal of Law and Economics", Vol:15, 2003, pp. 165-194

Hahn, Robert W., *Reviving Regulatory Reform: A Global Perspective,* AEI Brookings Joint Center for Regulatory Studies, Washington DC, 2000.

Hahn, Robert W. and John Hird., *"The Costs and Benefits of Regulation: Review and Synthesis," Yale Journal on Regulation, 8,* Winter-1991. pp.233-278.

Hertog, Johan Den, *"General Theories of Regulation",* 1999 http://encyclo.findlaw.com/5000book.pdf (Den Hertog, J. Den (2000). *"General Theories of Regulation."* in: B. Bouckaert & G. de Geest (eds.), Encyclopedia of Law and Economics: Volume III. The Regulation of Contracts, Cheltenham, UK, Edward Elgar.)

Holcombe, Randall G., Public Sector Economics, Wadsworth Pub., 1988

Kay, John A. and Vickers, John S., *"Regulatory Reform: An Appraisal"*, in: Deregulation or Re-regulation, (edited by Majone Giandomenico), London: Pinter Publishers, pp. 223-51.

Krueger, Anne O., *"The Political Economy of the Rent-Seeking Society,"* American Economic Preview 64 (June 1974): 291.

OECD, Recommendation of the Council of the OECD on Improving the Quality of Government Regulation, Paris: OECD Pub., 1995. (PDF)

Ogus, Anthony, *"Regulatory Institutions and Structures"*, Annals of Public and Cooperative Economics, 73:4, 2002, pp.627-648. (

Ogus, Anthony, *"Self Regulation"*, 1999, http://encyclo.findlaw.com/9400book.pdf. (Anthony Ogus, *"Self Regulation"*, in: B. Bouckaert & G. de Geest (eds.), Encyclopedia of Law and Economics: Volume III. The Regulation of Contracts, Cheltenham, UK, Edward Elgar.)

Parker, David, "*Economic Regulation: A Review of Issues*", Annals of Public and Cooperative Economics, 73:4, 2002, pp.493-513

David Parker, Economic Regulation: A Preliminiary Literature Review and Summary of Research Questions Arising, Centre on Regulation and Competition, Paper No:6, Manchester, 2001

Pasour, E. C., *"Rent Seeking: Some Conceptual Problems and Implications"*, in: Murray N. Rothbard (Ed.), The Review of Austrian Economics, Vol:1, Lexington Books, DC, 1987

Paşaoğlu, M. Ömür., Doğal Tekellerde Regülasyon ve Rekabet –Bir Örnek: İngiliz Elektrik Sektörünün Yeniden Yapılandırılması, Rekabet Kurumu, Uzmanlık Tezleri Serisi No:14, Ankara, 2003.

Peltzman, Sam., "*Toward a More General Theory of Regulation,"* Journal of Law & Economics 19, no. 2 (August 1976): 211.

Posner, A. Richard, *"Theories of Economic Regulation."*, Bell Journal of Economics and Management Science. 5(2), 1974 335–358. (Ayrıca bkz: A. Richard, Posner, Theories of Economic Regulation, NBER Working Paper Series No:41, New York, 1974.

Posner, A. Richard, Richard A. Posner, *"The Social Costs of Monopoly and Regulation,"* Journal of Political Economy 83 (August 1975): 807.(Ayrıca bkz: Richard A. Posner, The Social Costs of Monopoly and Regulation, NBER Working Paper Series No:55, New York, 1974.)

Sachs, Jefry D. and Andrew M. Warner, *"The Social Welfare State and Competitiveness"*, in: World Economic Forum, The Global Competitiveness Report, 1996, s. 21.

Samuelson, Paul A. and William D. Nordhaus, Economics, 14th ed. New York: McGraw-Hill Inc, 1992.

Stigler George J., A Dialogue On The Proper Economic Role Of The State, Selected Papers No:7, University Of Chicago, 1968.

Stigler, George, *"The Theory of Economic Regulation"*, Bell Journal of Economics and Management Science, Vol:2, 1971, pp.3-21.

Tepe, Berna & Ardıyok, Şahin, *"Devlete Yeni Rol: Regülasyon"*, Amme İdaresi Dergisi, Cilt 37, Sayı:1, Mart 2004.

Tollison, Robert D., *"Rent Seeking: A Survey"*, Kyklos, Vol:35, 1982, pp.575-602.

Tullock, Gordon., *"Rant Kollama"*, Çev. Coşkun Can Aktan, İçinde: Politik Yozlaşma ve Rant Kollama, Yayına Hazırlayanlar: A. Eker ve C.C. Aktan, TAKAV Matbaası, Ankara, 1994a, ss. 177-182.

Tullock, Gordon., *"The Welfare Costs of Tariffs, Monopolies, and Theft"*, Western Economic Journal 5 (June 1967): 224. (Türkçe çevirisi için bkz: Tullock, Gordon., "Tarifelerin, Tekellerin ve Hırsızlığın Refah Maliyetleri", Çev. F. Devrim, İçinde: Politik Yozlaşma ve Rant Kollama, Yayına Hazırlayanlar: A. Eker ve C.C. Aktan, TAKAV Matbaası, Ankara, 1994b, ss.199-208.)

Winston, Clifford., *"Economic Deregulation: Days of Reckoning for Microeconomists"*, Journal of Economic Literature, vol 31, Issue 3, September 1993. 1263-89.

# REGÜLASYON İKTİSADINA GİRİŞ[1]

Coşkun Can Aktan
Serdar Yay

## I. GİRİŞ

İktisadi regülasyonlar, devletin piyasadaki etkinsizlikleri ve başarısızlıkları ortadan kaldırmak için piyasayı ve piyasa oyuncularının davranışlarını düzenlemeye ve kontrol etmeye yönelik kurallar ve kurumlar oluşturması anlamına gelir. Regülasyon iktisadına giriş niteliğindeki bu çalışma içerisinde ilk olarak regülasyon kavramını, regülasyon ve kontrol kavramı arasındaki benzerlik ve farklılıkları ve daha sonra da genel olarak regülasyon türlerini ve özel olarak da iktisadi regülasyon türlerini incelenecektir.

## II. TERMİNOLOJİ: TEMEL KAVRAMLAR

İngilizce literatürde *"regulation"* olarak karşımıza çıkan regülasyonun dilimizdeki karşılığı düzenlemedir. Toplumsal değeri olan faaliyetlerin bir otorite tarafından, dışarıdan ve sürekli olarak kontrol edilmesi anlamına gelen regülasyon, kısaca kamu, özel veya kar amacı gütmeyen yaptırım gücüne sahip herhangi bir otorite tarafından oluşturulan ve uygulanan kurallar bütünü olarak tanımlanabilir (Çetin, 2005: 107; Aktan & Karaaslan, 2009: 79; Aktan, 2016.).

---

[1] Bu çalışma daha önce şu dergi içerisinde yayınlanmıştır: C. C. Aktan ve S. Yay, Regülasyon İktisadına Giriş, Ekonomi Bilimleri Der., Cilt 8, No 1, 2016.

Regülasyon ile kurumsal düzenlemeleri sağlamak, piyasadaki etkinsizlikleri ortadan kaldırmak, mal ve hizmetlerin en düşük maliyetlerle üretilmesini veya sunulmasını sağlamak, mal ve hizmetlerin tüm bölge ve gelir gruplarına ulaşmasını sağlamak, piyasadaki rant yaratmaları önlemek gibi hedeflere ulaşılmak istenmektedir (Atiyas, 2000: 22).

Regülasyon modern devletlerin doğuşundan çok daha önceki dönemlerde ortaya çıkmış, insanlık tarihi boyunca var olagelmiştir. Örneğin, M.Ö yaklaşık 2100 yıllarında Babil Kralı Hammurabi'nin kendi adıyla bilenen Hammurabi Kanunları'nda geçen bazı uygulamalar regülasyon örneği olarak değerlendirilmektedir. Ancak literatürde regülasyonun başlangıcı olarak 1887 yılında Amerika Birleşik Devletleri'nde *"Eyaletlerarası Ticaret Komisyonu (Interstate Commerce Commission)"*'nun kurulmasının kabul edildiği görülmektedir (Akça, 2007: 15-16).

Kamusal regülasyon ise sosyal ve ekonomik amaçlara yönelik olarak devlet tarafından yürürlüğe konulan her türlü anayasal, yasal ve kurumsal düzenlemeler ile kamusal politikaları ve yapılan uygulamaları ifade etmektedir Kamusal regülasyon kavramı kısaca devletin toplumsal düzenin işleyişine yönelik yaptığı her türlü hukuki düzenleme ve müdahaleyi ifade etmektedir.(Aktan, 2016.)

Ekonomik düzenin sağlanması için kurallar ve kurumların önemine işaret eden Yeni Kurumsal İktisat Okulu'nun öncülerinden biri olarak kabul edilen 1993 Nobel Ekonomi ödülü sahibi Douglas C. North'un büyük bir anlam taşıyan *"Oyuncuların davranışlarını belirleyen oyunun kurallarıdır."* cümlesinden yola çıkarak kamusal regülasyonları şu şekilde tanımlamamız da münkündür (North, 2010: 9): Kamusal regülasyonlar, devletin piyasadaki etkinsizlikleri ortadan kaldırmak için piyasayı ve piyasa oyuncularının davranışlarını kontrol etmeye yönelik kurallar koymasıdır.

Terminoloji açısından regülasyona benzer bazı terimleri de burada kısaca açıklamakta yarar bulunmaktadır.[2]

Örneğin, *"ekonomik müdahale (economic intervention / interference)"* kavramı ile ekonomik regülasyon kavramı birbiri yerine ikame edilebilir şekilde kullanılabilecek iki kavramdır (Aktan & Karaaslan, 2009: 80).

*"Kamusal regülasyon"* ile *"özel regülasyon (self regulation)"* birbirinin zıddı iki kavram olarak ele alınabilir. Kamusal regülasyonlar, devlet tarafından ekonomiye yapılan müdahale, düzenleme ve kontrolleri içerir. Özel regülasyon ise bireyler veya firmalar tarafından herhangi bir kanuni yaptırıma ihtiyaç duyulmaksızın gönüllü olarak oluşturulan ve uygulanan kurallardır (Ogus, 1999: 587; Brown & Jackson, 1994: 48). Bireyler veya firmalar özel regülasyonlar ile devlet müdahalesine ihtiyaç duymadan problemleri kendi içlerinde çözmeye çalışmaktadırlar (Kleinsteuber, 2004: 63).

Devletin çeşitli amaçlarla uyguladığı ekonomik, sosyal ve idari regülasyonların azaltılması veya tamamen ortadan kaldırılması *"deregülasyon"* kavramını ifade etmektedir (Aktan, 2003: 368). Regülasyonların devletin belirlediği hedeflere uyum sağlamaması, temel iktisat politikalarından sapmalara yol açması gibi durumlarda deregülasyon ile, uygulanmakta olan düzenleme ve kontrollerden vazgeçilmektedir, ancak deregülasyon ile mevcut regülasyonların azaltılması bunların yerine yeni regülasyonların gelmeyeceği anlamını da taşımamaktadır (Oğuz, 2011: 57).

Regülasyon konusu ile ilgili bir diğer kavram ise *"reregülasyon"* olarak karşımıza çıkmaktadır. Reregülasyon, regülasyonun mevcut haliyle veya geliştirilmiş bir şekilde yeniden uygulanma-

---

[2] Regülasyon iktisadına giriş niteliğinde temel bir çalışma için bkz. Aktan, 2016; Aktan-Karaaslan,2009.

sıdır (Kraus, 2005: 192). Reregülasyon, kısa ve öz bir şekilde yeniden düzenleme olarak ifade edilebilir. Reregülasyonun genel amacı etkin bir piyasa yapısı oluşturmaktır.

## III. TİPOLOJİ: REGÜLASYON ve KONTROL TÜRLERİ

Devletin özellikle bazı alanlarda uyguladığı regülasyonları herhangi bir regülasyon türü altında belirtmek mümkün olmasa da kamusal regülasyonlar literatürde ağırlıklı olarak *"ekonomik regülasyonlar", "sosyal regülasyonlar" ve "idari regülasyonlar (süreç regülasyonları)"* olmak üzere üç türde karşımıza çıkmaktadır.

**Şekil 1:** Regülasyon Türleri

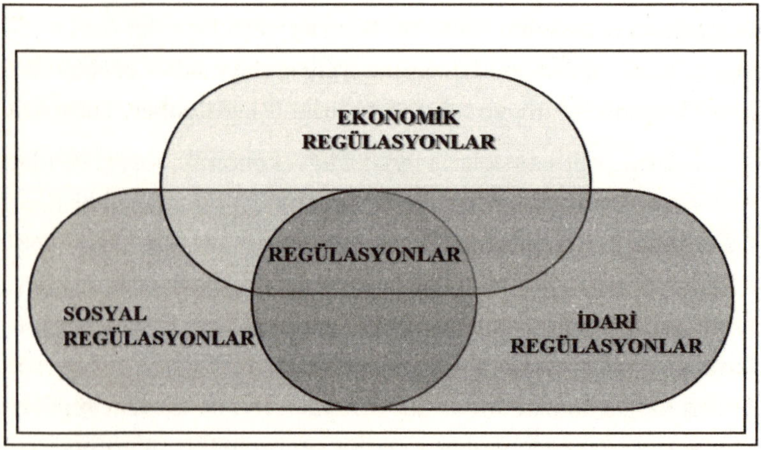


Ekonomik regülasyon, piyasada mevcut aktörler arasında yeterli düzeyde rekabet ortamının yaratılmasına yönelik bir ortam yaratmak veya piyasada aktör sayısı az ise, az olan aktörlerin davranışlarını rekabet halinde olmaları durumunda sergileyecekleri davranışlara benzer hale getirmeye yönelik kurallar koymak yoluyla piyasaların etkinliği sağlamayı amaçlayan regülasyonlardır (Tepe & Ardıyok, 2004: 108-109). Başka bir tanım yapmak gerekirse, ekonomik regülasyonlar, sosyo-ekonomik iktisadi hedeflere ulaşmak için yasal araçların kullanılması olarak da ifade edilmektedir (Hertog, 1999: 223). Ekonomik regülasyon, kısa ve öz bir tanımla devletin ekonomiye yaptığı müdahaleleri ifade etmektedir.

Ekonomik regülasyonlar, kendi içerisinde *"yapısal regülasyonlar (structural regulations)"* ve *"davranış regülasyonları (conduct regulations)"* olarak ikiye ayrılmaktadır (Aktan, 2016.). Ancak bu ayrıma geçmeden önce ekonomik regülasyonların daha iyi anlaşılması ve ekonomik kontroller ile karıştırılmaması için ekonomik regülasyonlar ve ekonomik kontroller arasındaki benzerlikleri ve farklılıkları ortaya koymamızda yarar vardır.

Devlet, ulaşmaya çalıştığı amaçları gerçekleştirmek için belirli ekonomik faaliyetleri doğrudan düzenlemeye tabi tutabilir ve/veya mal ve faktör piyasalarında serbestçe oluşacak fiyatlara müdahale edebilir. Devletin çeşitli nedenlerle ekonomiye müdahalede kullandığı bu iki araçtan birincisi *"ekonomik regülasyon"* ikincisi ise *"ekonomik kontrol"* olarak adlandırılmaktadır (Aktan, 1993: 54).

Piyasaya giriş ve piyasadan çıkışın düzenlenmesi, belirli sektörlerde yasal tekellerin oluşturulması, uluslararası ticarete kısıtlamalar getirilmesi, Kamu İktisadi Teşebbüsü (KİT) zararlarının hazineden karşılanması, bazı sektörlere sübvansiyonlarda bulunulması ve üretim faktörlerinin fiyatlarının kontrol edilmesi ekonomik regülasyonlara örnek olarak verilebilir (Aktan, 2001: 43). Diğer yandan, mal veya hizmetin satış fiyatlarının kontrolü, ücret kontrolü, kira kontrolü, faiz kontrolü gibi uygulamalar ekonomin kontrollere örnek verilebilir (Aktan, 1993: 54). Devlet ekonomik kontroller aracılığıyla mal ve üretim faktörlerinin piyasada serbestçe oluşabilecek fiyatlarına müdahalede bulunur.

Şekil 2: Başlıca Ekonomik Regülasyonlar ve Kontroller

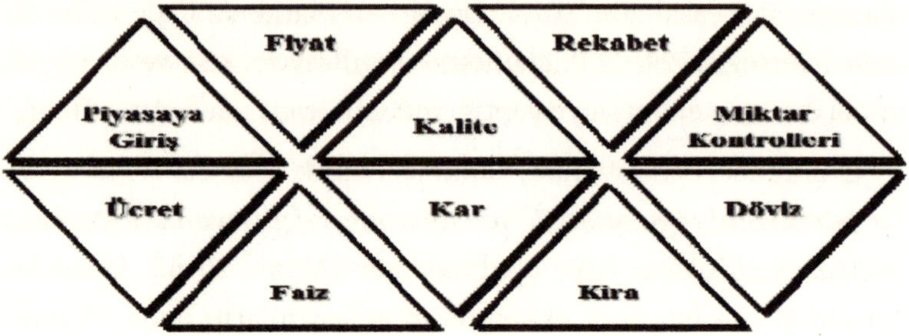


Devletin ekonomik regülasyonlar ve kontrollere başvurmasının nedeni aşağıda detaylı bir şekilde ele alacağımız *"piyasa başarısızlığı"* argümanıdır. Ekonomik regülasyonlar ve kontroller özellikle vatandaşlarına minimum gelir sağlamak için piyasa güçlerinin işleyişini değiştirmeye yönelen refah devleti anlayışını savunan ve toplumun refahını arttırmanın metotlarını araştıran refah iktisatçıları tarafından savunulmaktadır.

Refah iktisatçıları, ekonomik regülasyonlar ve kontroller yoluyla piyasanın sağlıklı ve düzenli bir şekilde işleyeceğini, öte yandan piyasada oluşması muhtemel tekelleşmenin de engelleneceğini savunmuşlardır.

Refah iktisatçılarının argümanlarının yanı sıra devlet bazen yeni firmaların "*piyasaya girişi*"ni yasal yollarla engellemektedir. Meslek lisansı, patent ve kamu imtiyazı piyasa girişin önündeki engellere örnek gösterilebilir. Berber dükkanı açmak, taksicilik yapmak, eczane veya tekel bayi açmak gibi bazı iş ve mesleklere sahip olmak ve dolayısıyla bu sayede piyasaya girmek için meslekle ilgili lisansa sahip olmak gerekmektedir. Dolayısıyla meslek lisansı çoğu kez piyasaya girişi engellemektedir. Piyasaya girişe yasal olarak engel koyan bir diğer faktör ise patenttir. Patent bir yenilik sahibine verilen fikri mülkiyet hakkıdır. Yenilik sahibinin yenilik konusu ürünü belirli bir süre üretebilme, kullanabilme, satabilme veya ithal edebilme hakkını belirtmektedir. Öte yandan devlet bazen bir malın veya hizmetin sağlanması için özel bir firmaya bir imtiyaz (franchise/franchising) verebilir. Devletin sağladığı bu kamusal imtiyaz, diğer firmaların imtiyaza konu olan malların ve hizmetlerin sağlamasını engellemektedir.

Bu noktada Chicago Okulu temsilcilerinden Harold Demsetz tarafından ileri sürülen *"Demsetz Rekabet Teorisi (Franchise Bidding)"* ne kısaca değinmekte yarar vardır. Demsetz, piyasada tam rekabetin sağlanması için piyasa girişte potansiyel firmalar arasında piyasada faaliyet gösterme imtiyazı için rekabetçi bir ihale düzenlenmesi gerektiğini öne sürmüştür. Buna göre ihaleyi kazanan firma doğal tekel haline gelecek fakat devletin belirlediği koşullara göre hareket edecektir. Böylece rekabet ihale aracılığıyla sağlanacak ve en düşük fiyatı taahhüt eden firmanın piyasada faaliyet gösterebilmesine izin verilecektir (Ardıyok, 2002: 64-65). Demsetz'in teorisi imtiyaz (franchise/franchising) yönteminin temelini oluşturmaktadır.

Devlet, piyasada rekabeti sağlamak amacıyla firmaların piyasaya girişini bu yöntemlerle engelleyebilir. Devlet bazen de piyasaya girişi sınırlandırdığı gibi, çıkışı da sınırlandırabilir. Piyasadan çıkışın izne tabi olduğu durumlarda firmalar piyasayı kendiliğinden terk edemezler. Firmalar bir piyasaya girerken piyasadan çıkış şartlarını da göz önünde bulundurmak zorundadırlar, bu nedenle özellikle piyasadan çıkış şartlarının ağır olduğu durumlarda firmalar söz konusu piyasaya girmekten vazgeçebilir.

Bir piyasada, normalde üretim araçlarının fiyatları arz ve talep yoluyla belirlenir. Ancak devlet *"fiyat kontrolleri"* ile piyasadaki fiyatlara müdahale edebilir. Fiyat kontrolleri, taban fiyatlar (minimum fiyatlar) ya da tavan fiyatlar (maksimum fiyatlar) belirlenmesi şeklinde olabilir. Yüksek fiyatlar, kıt mallarda kaynak tahsisinde etkinlik sorununu çözmek için bir yol olabilir. Örneğin yüksek yiyecek fiyatları yoksullar için oldukça önemli bir sorundur. Bu nedenle, devlet bir tavan fiyat belirlemeyi tercih edebilir. Tavan fiyat belirleme amacı, tüketiciler için fiyatı düşürmektir. Tarım ürünlerinde taban fiyatlar oluşturulması gibi taban fiyat tespit etme uygulamalarının amacı ise üreticiler için fiyatı yükseltmektir (Begg & Fischer & Dornbusch, 1997: 38- 40).

Devlet, fiyatlar üzerinden "*kar kontrolleri*" yoluyla da piyasaya müdahale edebilir. Burada devlet belirlediği kar oranlarını göre piyasadaki fiyatı tespit eder ve böylece devlet kar kontrolleri ile firmaların aşırı kar elde etmesini engellemeyi amaçlar.

Devlet, piyasada satılan bir mal veya hizmetin miktarını ve kalitesi de kontrol edebilir. Örneğin, tüm vatandaşların yararlanması gereken bir mal veya hizmeti, firma eğer karını maksimize etmek amacıyla belirli bölgelere sunuyor ise devlet bu duruma müdahale eder ve söz konusu mal veya hizmetin daha fazla üretilmesini "*miktar kontrolleri*" aracılığıyla sağlar. Öte yandan devlet, "*kalite kontrolleri*" aracılığıyla bir mal veya hizmetin kalitesi için minimum standartlar belirleyebilir.

Devlet, bütün bu ekonomik kontroller aracılığıyla piyasada "*tam rekabet*"i sağlamayı da hedeflemektedir. Bu kontrollerin yanı sıra devlet, firmaların yatırım kararlarına, sermaye oranlarına vb. durumları da kontrol etmek isteyebilir. Bazı iktisatçılar, devletin tüketicileri, kiracıları, tasarruf sahiplerini, ücretlileri vb. piyasa aktörlerini korumak amacıyla bu tür kontroller aracılığıyla piyasaya müdahale ettiğini iddia etmektedirler.

Devlet, emek piyasasına da regülasyonlar ve kontroller aracılığıyla müdahale edebilir. Örneğin devlet piyasada çalışma koşullarının iyileştirilmesi ve düşük ücret politikasından vazgeçilmesi için "*ücret kontrolleri*" aracılığıyla da bazı tedbirler alabilir. Bunun en güzel örneği ise, asgari ücret uygulamasıdır. Devlet, işgücüne ödenecek ücretlerin belirli bir seviyenin altına düşmesini böylece engelleyecektir.

Devlet para politikalarına bağlı olarak "*faiz kontrolleri*" aracılığıyla para piyasalarına da müdahale edebilir. Burada önemli olan ülke ekonomisinin içinde bulunduğu duruma (enflasyon, deflasyon vb.) dikkat etmektir. Devlet, faiz kontrolleri ile kontrol etmek istedikleri faiz oranını ülke ekonomisinin içinde bulunduğu duruma göre yükseltmeyi ve düşürmeyi tercih edebilir.

Devlet, döviz arz ve talep edenlerin karşılaştığı döviz piyasalarına da "*döviz kuru kontrolleri*" aracılığıyla müdahale edebilir. Uluslararası olan bu piyasada, döviz arz edenlerle döviz talep edenlerin karşılaşması sonucu döviz fiyatı (döviz kuru/ kambiyo kuru) oluşur. Devlet döviz piyasasına doğrudan döviz alıp-satarak, vergi, teşvik vb. uygulamalar, kota vb. sınırlamalar ile müdahale yöntemlerine başvurabilir (Alkin, 2004: 7). Böylece piyasadaki döviz fiyatını etkilemiş olur.

Öte yandan ekonomide mülkiyet hakkının serbest olması herkesin konut sahibi olacağı anlamına gelmemektedir. Bu nedenle ekonomide, gayrimenkullerin kiraya verildiği ve kiralandığı bir piyasa da mevcuttur (Alkin & Yıldırım & Özer, 2003: 119). Kiralık gayrimenkul talep ve arz edenlerin buluştuğu bu piyasada devlet, gayrimenkul kiraları için taban ve tavan fiyatı belirleme yolunu izleyebilir. Böylece devlet "*kira kontrolleri*" yoluyla piyasa mekanizmasına başka bir yoldan müdahalede bulunabilir.

Son olarak, "*tarife*" olarak adlandırılan ve uluslararası ticarete konu olan bütün mallara uygulanan vergiler ve ithal edilen ürünlerde "*kota*" olarak adlandırılan sınırlamalar veya yasaklar da dahil olmak üzere devlet, uluslararası ticaret alanında da bazı düzenlemelere başvurabilir. Bu tür düzenlemelerin başlıca nedeni evdeki *"bebek endüstrilerini (infant industries)"* dış rekabetten korumaktır.

Bebek endüstrileri tezi ile, iktisadi kalkınma ve ulusal firmaların yabancılara kıyasla rekabet güçlerini artırmak amacıyla devletin dış ticarete müdahale etmesi gerektiğini varsayar. Bu tez, ölçek ekonomileri, tecrübe, bilgi birikimi ve teknolojik üstünlük gibi nedenlerle rakiplerine karşı dezavantajlı konumda olan bir endüstrinin, ileride gelişip karşılaştırmalı üstünlüğe sahip olmasını sağlayacak optimum büyüklüğe veya optimum üretim düzeyine ulaşıncaya kadar, dış rekabete karşı korunmasını öngörür.

Devletin dış ticarete müdahale etmede kullandığı gümrük vergileri, miktar kısıtlamaları, ithalat yasakları vb. uygulamalarda mevcuttur. Devlet gümrük vergileriyle fiyat mekanizmasının işleyişine müdahale de bulunabilir. Gümrük vergileri, malların sınırdan geçişi sırasında devletçe alınan vergidir. Miktar kısıtlamaları ise devletin belli bir miktarın ötesinde dış ticaret yapma olanağını ortadan kaldırmasıdır. Öte yandan devlet bazı malların ülkeye sokulmasını ithalat yasakları ile engelleyebilir.

Görüldüğü gibi devlet, mal ve hizmet piyasalarından faktör piyasalarına, emek piyasalarından para piyasasına, döviz piyasalarından dış ticarete her alana ekonomik regülasyonlar ve kontroller aracılığıyla müdahale etmektedir.

**Şekil 3:** Başlıca Sektörel Ekonomik Regülasyonlar

Yukarıda Şekil 3'te ise ekonomik regülasyonların uygulandığı başlıca sektörler yer almaktadır. Örneğin, devlet tarım sektöründe, tıpkı asgari ücret uygulaması gibi bazı tarımsal ürünler için *tarımsal* destekleme fiyatı uygulaması ile bir *taban* fiyat belirleyebilir. Böylece devlet söz konusu tarımsal ürünler için belirlediği fiyatın altında bir işlem yapılmasını engellemektedir. Devlet, toplumsal hayatın her alanında; vergilemeye ilişkin düzenlemeler, hizmetlerin kalitesini arttırmaya ilişkin düzenlemeler, eğitim kurumlarına ilişkin düzenlemeler, tüketicilerin korunması ve rekabetin arttırılmasına yönelik bankacılık ve finans sektörü ile ilgili düzenlemeler, iş yerlerinde çalışma koşullarına yönelik düzenlemeler, çalışma yaşına ilişkin düzenlemeler ve sosyal sigorta vb. gibi uygulamalar ile sanayiden eğitime, sosyal güvenlikten sağlığa, hizmet sektöründen bankacılık ve finans sektörüne kadar pek çok sektöre müdahale edebilir.

Ulaşım, enerji, haberleşme vb. sektörlerden oluşan ve doğal tekel niteliğinde bulunan altyapı hizmetleri de devletin müdahale ettiği sektörlerin başında gelmektedir. Devlet, altyapı hizmetlerine yönelik hukuki düzenlemeler (rekabet hukuku, antitröst hukuku vb.) ve doğal tekellerin regülasyonu (kar regülasyonu, fiyat regülasyonu, piyasaya giriş-çıkış regülasyonu, hizmet kalitesi regülasyonu vb.) ile tüketicileri tekelci fiyatlardan, düşük kaliteli hizmetlerden ve kartelci firma davranışlarından korumayı amaçlar (Parker, 2001: 8). Çünkü doğal tekellerin herhangi bir regülasyon olmadan faaliyet gösterdiği sektörlerde toplumsal refah kaybı ortaya çıkar.

Yukarıda da değindiğimiz gibi ekonomik regülasyonlar, *"yapısal regülasyonlar (structural regulations)"* ve *"davranış regülasyonları (conduct regulations)"* olarak iki ana başlık altında incelenmektedir. Yapısal regülasyonlar, piyasaların etkin işleyişine yönelik devlet tarafından yapılan düzenleme ve müdahalelerdir. Piyasada eksik rekabet ve haksız rekabeti ortadan kaldırmaya ve rekabete fonksiyonel işlerlik kazandırmayı amaçlayan her türlü düzenlemeler yapısal regülasyonları ifade etmektedir. Piyasaya giriş-çıkış izinleri, devlet için stratejik öneme sahip sektörlerde lisanslama uygulamalarına gidilmesi gibi uygulamalar yapısal regülasyonlara örnek verilebilir (Aktan & Karaaslan, 2009: 81).

Piyasaların etkin işleyişi amacına yönelik olarak piyasa aktörlerinin davranışlarını düzenleyen kamusal regülasyonlar ise *"davranış regülasyonları"* olarak adlandırılmaktadır. Fiyatlara ilişkin kontroller, tüketicilerin korunmasına yönelik düzenlemeler, ürün satışlarının tabi olduğu usul ve esasları içeren kurallar, davranış regülasyonlarına örnek verilebilir (Aktan, 2005: 93).

Ekonomik regülasyonları inceleyen *"regülasyon ekonomisi"* ise, piyasa ekonomisinin etkin işleyişinin sağlanmasına yönelik devlet müdahalelerini ya da kamusal düzenlemeleri (regülasyonları) çeşitli boyutlarıyla araştıran bir iktisat disiplininin adıdır (Aktan & Karaaslan, 2009: 79). Bu iktisat disiplinin gelişmesine 1982 Nobel Ekonomi Ödülü sahibi George J. Stigler'in büyük katkıları olmuştur. (Stigler, 1971.)

Sosyal regülasyonlar, geniş anlamıyla toplumsal hakları korumaya ve sosyal refahı arttırmaya yönelik regülasyon faaliyetleridir. Sosyal regülasyonlar ile piyasanın gelir dağılımında adaleti tesis edememesi ve kaynak dağılımında etkinliği sağlayamaması nedenleri ile ortaya çıkan sorunlar giderilmeye çalışılmaktadır. Belirli bir asgari geliri işgücüne garanti eden asgari ücret uygulaması, firmaların neden olduğu çevre kirliliği sorunlarının çözümüne yönelik çevre regülasyonları, yeterli gelir imkanına sahip olmadığı için bireyleri sosyal güvenlik şemsiyesi altına alan sosyal güvenlik uygulamaları, bölgelerarası gelişmişlik farklılıklarını azaltmaya yönelik sübvansiyonlar (teşvikler) sosyal regülasyonlara örnek olarak gösterilebilir (Tepe & Ardıyok, 2004: 107; Aktan & Karaaslan, 2009: 81).

*"İdari regülasyonlar"* ya da *"süreç regülasyonları"* kamusal regülasyon sürecinde ortaya çıkan bürokratik zorunlulukları ve idari maliyetleri ifade etmektedir (Çetin, 2009: 35). Devletin işlemlerinin daha karmaşık bir hal almasıyla birlikte ortaya çıkan form doldurmak, rapor sunmak, kayıt tutmak, bildirimde bulunmak gibi işlemler halk dilinde genellikle "bürokrasi ve kırtasiyecilik" olarak adlandırılmaktadır (Tepe & Ardıyok, 2004: 109). Ekonomide dengesizliklerin ortaya çıkmaması için kamusal regülasyonlar sonucunda artan işlemlerin maliyetlerinin düşürülmesi gerekmektedir. Kısa ve öz bir tanımla, toplumsal düzeni sağlamanın maliyeti olarak açıklayabileceğimiz *"işlem maliyetleri"* ilk defa 1991 Nobel Ekonomi Ödülü sahibi Ronald H. Coase tarafından ele alınmış ve özellikle son yıllarda büyük önem kazanmıştır (Demir, 1996: 210). Öyle ki Yeni Kurumsal İktisat Okulu içerisinde İşlem Maliyetleri İktisadı yaklaşımı ortaya çıkmış ve ayrı bir disiplin olarak gelişmiştir.

Şekil 4'te bazı regülasyon ve kontrol örnekleri yer almaktadır. Vergi denetimi, trafik denetimi, çevre denetimleri ve sağlık kontrolleri regülasyonlara, fiyat kontrolü, ücret kontrolleri, kira kontrolleri ve faiz/döviz kuru kontrolleri ise ekonomik kontrollere örnek verilebilir.

Özetle, piyasalara girişi ve piyasalardaki davranışı düzenleyen yasal kural ve kurumlar, *"ekonomik regülasyonlar"*, üretimin toplumsal dışsallıklarının düzenlenmesi *"sosyal regülasyonlar"*, bürokratik işlemleri içeren regülasyonlar ise *"idari regülasyonlar"* veya *"süreç regülasyonları"* olarak tanımlanmaktadır (Oğuz, 2011: 23).

Şekil 4: İdari, Sosyal ve Ekonomik Regülasyon ve Kontrollere Bazı Örnekler

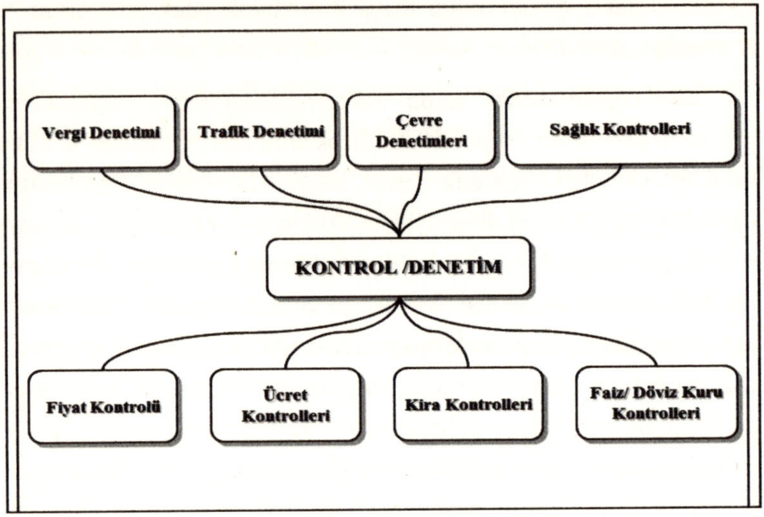


Kaynak: (Aktan, 2004: 84).

## IV. AMACI: PİYASA BAŞARISIZLIKLARININ DÜZENLENMESİ VE KONTROLÜ

Piyasa, iktisadi birimler olarak üretici ve tüketicilerin faaliyetlerinin gerçekleştiği yerdir (Aktan, 2009: 1). Piyasa başarısızlığı (market failure) ise, piyasanın etkin çalışması için gerekli fonksiyonları (üretim ve tüketim) yerine getirememesidir (Bator, 1958: 251). Piyasanın kendi halinde bırakıldığında ortaya çıkardığı bir takım başarısızlıklar devletin iktisadi regülasyonlara başvurmasının rasyonelini oluşturmaktadır.

Geleneksel iktisat teorisine göre, piyasa başarısızlığına yol açan ve devletin kamusal regülasyonlara başvurmasında rol oynayan faktörler; aksak rekabet, dışsal ekonomiler, ölçek ekonomileri ve doğal tekeller ve son olarak da kamusal mallardır. Ancak, Yeni Kurumsal İktisat Okulu içerisinde gelişen ve piyasa başarısızlıklarına neden olan asimetrik enformasyon ve işlem maliyetlerini de unutmamak gerekir.

Piyasa başarısızlığına neden olan faktörlerin başında *aksak rekabet* gelmektedir. Bilindiği gibi tam rekabet piyasaları, çok sayıda alıcı ve satıcı bulunan, piyasaya giriş çıkış serbestisi sağlanmış, homojen malların bulunduğu ve bütün piyasa ilişkilerinin açıkta cereyan ettiği bir piyasa modelidir (Aktan, 2009: 2).

Yukarıdaki şartların hep birlikte sağlanması halinde *"tam rekabet"*, bu koşullardan birinin bile olmaması halinde *"aksak rekabet"* söz konusudur. Gerçek hayatta bu şartların hemen hiçbirinin tam olarak sağlanamayacağı, bu nedenle de bu koşulların "soyut bir varsayım" dan öteye gidemeyeceği bilinmektedir. Tam rekabet piyasalarını ulaşılması olanaksız bir ütopya haline getiren nedenleri kısaca şu şekilde özetleyebiliriz (Aktan, 2009: 3):

- İlk olarak, günümüzde piyasalarda haberleşme ve bilgi elde etme olanaklarının farklılığı nedeniyle tam rekabet piyasasının *"şeffaflık"* özelliği gerçekleştirilememektedir.
- İkinci olarak aynı ihtiyacı karşılamaya yönelik mal ve hizmet türleri arasında piyasada çoğunlukla bir benzerlik söz konusu değildir. Bu durum bazı firmaları, diğerlerine oranla üstün kılmakta ve tam rekabetten sapmalar yani *"aksak rekabet"* söz konusu olmaktadır.
- Üçüncü olarak, günümüz piyasalarında mal ve hizmetlerin üretim ve tüketiminde *"tercih özgürlüğü"* hemen hemen hiç yoktur. Bireyler açısından tercih özgürlüğü, bireylerin piyasada üretilmesini istedikleri mal ve hizmetlerin nelerden ibaret olacağına karar vermeleri ile ilgilidir. Ancak gerçek hayatta başta reklamlar olmak üzere birçok faktör bireysel tercihlerin sapmasına neden olmaktadır. Firmalar açısından tercih özgürlüğünün anlamı ise şudur; firmalar üretim faktörlerinin kulla-

nımında özgür olabilmelidirler. Diğer bir deyişle, firmalar emeğin, sermayenin ya da diğer üretim faktörlerinin hangi mal ve hizmet üretiminde ve ne bileşimde kullanılacağına özgürce karar verebilmelidirler. Ancak günümüzde bu tercih özgürlüğü de devletin uyguladığı çeşitli politikalarla önemli ölçüde sınırlanmaktadır.

- Son olarak tam rekabet piyasalarının *"atomisite"* özelliği de günümüz piyasalarında işleyememektedir. Özellikle mal piyasalarında aksak rekabetin söz konusu olması nedeniyle satıcılar kendi aralarında anlaşarak centilmen anlaşmaları yaparak, kartel, tröst, holding vb. kurumlar oluşturarak fiyatları istedikleri şekilde belirleyebilmektedirler.

Geleneksel iktisat teorisinde piyasa başarısızlıklarına neden olan faktörlerden bir diğeri "*dışsal ekonomiler*"dir. İlk kez Cambridge Okulu'nun kurucusu Alfred Marshall tarafından ortaya atılan dışsal ekonomiler, bir iktisadi birimin üretim ve/veya tüketim faaliyeti neticesinde başka bir iktisadi birimin fayda ve/veya maliyet fonksiyonlarında etkilerde bulunması olarak tanımlanabilir (Aktan & Tosuner, 1986: 142). Dışsal ekonomiler, pozitif olabileceği gibi negatif de olabilir. Pozitif dışsal ekonomiler (dışsal faydalar) ve negatif dışsal ekonomiler (dışsal maliyetler) piyasa ekonomisinin optimal düzeyde işlerliğini engellemektedir. Negatif dışsal ekonomilere ilişkin en bariz örneklerin başında, çevre kirliliği gelmektedir. Negatif dışsallıkların mevcut olduğu durumlarda devlet, devreye girerek bir işletmenin başka ekonomik aktörlere veya topluma yüklediği zararları telafi etmek amacıyla cebri vergiler koyabilir veya firmanın çevreye verdiği zararı ortadan kaldırmak ya da en azından minimize etmek için firmaya filtre takma mecburiyeti getirebilir veya çevreye zarar veren ürünlerin üretiminin maliyetlerini artırıcı diğer önlemler alabilir. Böyle bir durum karşısında piyasa şartlarında makul düzeyde bir kar elde ederek piyasada var olmayı tercih eden firma üretimine devam edecek, fakat bunu çevreye zarar vermeyen üretim süreçlerini kullanarak gerçekleştirecektir.

Negatif dışsallıklar, piyasada fiyat mekanizmasının etkin sonuçlar vermesini engelleyecek ve kaynak dağılımının etkinliğini bozacaktır. Bu durum ise devletin kamusal regülasyonlar aracılığıyla piyasaya müdahale etmesini zorunlu kılmaktadır. Sadece negatif dışsal ekonomileri bertaraf etmek değil, aynı zamanda piyasada etkinliğe ulaşılmasını sağlamak amacıyla pozitif dışsal ekonomilere de müdahale edilmesi gerekli olabilir. Topluma olumlu katkılar yapan ekonomik aktörler, sağladıkları toplumsal katkının bir teşviki olarak faaliyetlerinde desteklenerek ödüllendirilebilir. Fakir, düşkün, öksüz, yetim vs. kesimleri koruyucu faaliyetler veyahut eğitim çağındaki bireyleri bilgilendirici bir eğitim faaliyeti veya yeşilliklerin korunarak ağaç dikilmesine yönelik kampanyalar devlet tarafından belirli şekil ve şartlar dahilinde organize edilebilir, başarılı çalışmalar ödüllendirilebilir, bu tür kampanyaların başarılı yöneticileri çalışmalarının devamı konusunda teşvik edilebilir. Tüm bu örnekler dışsal ekonomilerin varlığı nedeni ile yapılan kamu düzenlemelerinin sadece kısıtlama biçiminde olmadığını, ama aynı zamanda teşvikler de içerdiğini göstermektedir (Savaş, 1987: 87; Aktan & Karaaslan, 2009: 85).

*"Ölçek ekonomileri"* ve *"doğal tekel"* piyasa başarısızlıklarına neden olan ikinci bir faktördür. Ölçek ekonomilerinin piyasada başarısızlıklara neden olmasına yol açan sebeplerin başında bu üretim faaliyetinin gerektirdiği hacim gelmektedir.

Ölçek ekonomileri üretim düzeyinin artmasıyla birlikte maliyetlerin düştüğü piyasaları tanımlamaktadır. Buna göre, ölçek büyüdükçe getiri de artmaktadır. Geleneksel iktisat teorisine göre piyasalar önemli ölçek ekonomileri olmadığı halde bir tek veya bir grup teşebbüsün pazarın tamamına hizmet eder hale gelmesi veya ölçek ekonomileri nedeniyle sadece tek bir firmanın pazara hizmet sunmasının etkinliği sağladığı doğal tekellerin ortaya çıkması nedeniyle başarısızlığı uğramaktadır (Tepe & Ardıyok, 2004: 114). Sulama, kanalizasyon, posta, telekomünikasyon, doğal gaz, elektrik, demiryolu, denizyolu ve hava yolu taşımacılığından oluşan hizmetler ancak belirli bir ölçekten sonra karlı üretime izin verdiği için ölçek ekonomileri olarak isimlendirilmektedir. Geleneksel iktisat teorisine göre ölçek ekonomilerini oluşturan bu hizmetler, özel bir firmaya bırakıldığında toplum için zararlı olacağından regülasyona tabi tutulması toplum yararına olacaktır. Çünkü, bu sektörlerden herhangi birinde tek bir firmanın üretimde bulunması piyasada adaletsizliğe neden olacaktır. Bu duruma sebep ise firmanın üretim düzeyini daha düşük bir düzeyde belirleyerek daha yüksek fiyattan yaptığı satış sayesinde aşırı karlar elde etmesidir. Böyle bir durum tasvip edilmeyeceği için üretimin devletin tekelinde gerçekleştirilmesi, özel tekel eliyle gerçekleştirilmesine göre daha tercih edilebilir bir durumdur. İşte bu noktada ölçek ekonomilerinin mevcudiyeti nedeniyle piyasada oluşan başarısızlık, bu tür hizmetleri devletin üzerine alması ile sonuçlanmaktadır (Aktan & Karaaslan, 2009: 85).

Ölçek ekonomileri zamanla bazı sektörlerde tekelci eğilimlerin ortaya çıkmasına neden olur. Buna "*doğal tekel*" adı verilmektedir. İlk kez John S. Mill tarafından ortaya atılan doğal tekeller, piyasada sadece bir firmanın varlığı halinde, maliyetlerin düşeceği ve etkinliğin sağlanacağı yapıdır (Akça, 2007: 32). Ancak, geleneksel iktisat teorisine göre sektörde bir firma tekel durumuna geldiği zaman, söz konusu firmanın fiyatı, rekabet düzeyinin üstüne çıkararak ve üretimini rekabetçi piyasanın yol açacağı düzeyin altına düşürerek karını maksimize etmek için bu piyasadaki hakimiyetini kullanması ihtimali vardır. Fiyat, üretimin marjinal maliyetinin üzerinde oluşacağı için, teorik olarak toplam sosyal refah maksimum erişilebilir düzeyin altında olur. Bu yüzden, geleneksel iktisatçılar bu tür doğal tekellerin piyasa başarısızlığını ifade ettiğini ve bunun fiyatları ve fiyatın üretimin marjinal maliyetlerine daha yakın olacağı böyle bir sektörde ürün düzeyini regüle etme konusunda devlet müdahalesini gerektirdiğini savunurlar (Aktan & Karaaslan, 2009: 86).

Piyasada aksaklıklara yol açan dördüncü etken "*kamusal mallar*" oluşturmaktadır. İlk kez 1970 Nobel Ekonomi Ödülü sahibi Paul A. Samuelson tarafından ele alınan kamusal mallar, bireylerden herhangi birinin tüketimi nedeniyle diğer bireylerin tüketiminin azalmadığı ve herhangi bir bedel ödemeden kullanmak isteyenlerin dışlanmadığı mallardır.

Bölünemeyen, pazarlanamayan, tüketiminde dışlamanın mümkün olmadığı mallara kamu maliyesi literatüründe "*tam kamusal mallar*" adı verilmektedir (Aktan & Karaaslan, 2009: 86). İç ve dış güvenlik ile adalet ve diplomasi hizmetleri tam kamusal hizmetlere örnek olarak gösterilebilir. Bu tür hizmetler tümüyle piyasa ekonomisi tarafından sunulamayacağından devletin bu hizmetleri sunması kaçınılmaz olmaktadır.

Öte yandan geleneksel kamusal mallar teorisinde "*yarı kamusal mallar*" olarak nitelendirilen eğitim, sağlık, sosyal güvenlik gibi hizmetlerin tek başına devlet tarafından sunulması arzu edilmemektedir (Aktan & Karaaslan, 2009: 86). Yarı kamusal mallar bölünebilen, pazarlanabilen ve dışsal faydalar yayan mallardır. Bu tür hizmetlerin sahip olduğu dışsal ekonomiler özelliği devlet müdahalesinin rasyonelini oluşturmaktadır. Yarı kamusal mallara tipik örnek, eğitim ve sağlık hizmetleridir.

*"Merit mallar"* olarak isimlendirilen ve toplumda sosyal adalete hizmet eden faaliyetlerin de tam anlamıyla özel sektör tarafından sunumu mümkün değildir. Devletin, sosyal adaletin ve fırsat eşitliğinin gerçekleşmesine yardımcı olan bu tür mal ve hizmetlerin sunumunda özel sektöre teşvikler sağlaması mümkündür. (Aktan, 2005: 98). Merit mallar, bölünebilme ve tüketimden dışlama özelliğine sahip mallardır. Merit mallara örnek olarak ilkokul eğitimi, huzurevleri, kimsesiz çocuk bakım ve yetiştirme merkezleri ve akıl hastaneleri gibi hizmetleri gösterebiliriz.

Topluma negatif dışsallık yayan ve *"demerit mallar"* olarak isimlendirilen malların da özel sektör tarafından sunumu mümkün değildir (Aktan, 2009: 17). Uyuşturucu kullanımı, sigara ve alkol kullanımı, pornografi gibi olumsuz faaliyetleri örnek verebileceğimiz demerit malların kar maksimizasyonunun hakim olduğu piyasaya bırakılması düşünülemez. Devlet, demerit malların üretiminde mutlaka düzenleyici rol üstlenmelidir.

Piyasa aksaklıklarına sebep olan ve dolayısıyla kamusal regülasyonların rasyonelini açıklayan bir diğer argüman *"asimetrik enformasyon"* dur. Yeni Kurumsal İktisat Okulu içerisinde ortaya çıkan bilginin ekonomiyi ve ekonomik kararları nasıl etkilediğini ele alan Enformasyon Ekonomisi yaklaşımının da öncüsü olan 2001 Nobel Ekonomi Ödülü sahibi George A. Akerlof piyasada alıcı ile satıcı arasındaki bilgi farklılığının, yani asimetrik enformasyonun piyasaların etkinliğini nasıl bozabileceğini açıklamıştır. Buna göre, sahip olduğu malını satma kararı alan birey malının gerçek değerini bilmesine karşın, o mala talip olan alıcı, malın kalitesi ve fiyatı konusunda tam bir bilgiye sahip değildir. Yani, satıcılar ve alıcılar arasında bir enformasyon asimetrisi bulunmaktadır. Birinin bildiğini diğerinin tam bilmediği bir işlem mevcuttur. Örneğin tüketicilerin bildirimlerine ihtiyaç duyan sigorta sektöründe karakteristikleri tam anlamıyla belirlenemeyen birçok müşterinin aynı risk grubuna sokulması nedeni ile satıcı firma açısından bir asimetrik bilgilenme vardır (Akerlof, 1970: 489.)

Piyasa aksaklıklarına sebep olan diğer bir faktör ise yukarıda da Yeni Kurumsal İktisat Okulu ile beraber artan önemine değindiğimiz "*işlem maliyetleri*" dir. İşlem maliyetleri toplumsal düzeni ve sözleşmelerin gereklerini yerine getirilmesini sağlamanın maliyetini içermektedir. İşlem maliyetleri piyasada üç şekilde görülmektedir. Bunlar: *"arama ve bilgi maliyetleri (search and information costs)", "pazarlık maliyetleri (bargain costs)"* ve *"gözetme ve uygulama maliyetleri (policing and enforcement costs)"* dir. Arama ve pazarlık maliyetleri piyasadaki malların sayısı ile ilgilidir. Gözetme ve uygulama maliyetleri ise işlem maliyetleri ile devlet ilişkisi ifade edilmektedir (Demir, 1996: 216-218). İşlem maliyetlerinin artması piyasanın başarısızlığına neden olmaktadır.

Piyasanın aktörlerinin içinde bulunduğu bu açmazlar devleti, eylem ve işlemlerin daha öngörülebilir bir düzlemde gerçekleşmesini sağlayacak regülasyon politikaları uygulamaya iter.

Buraya kadar yaptığımız açıklamalardan anlaşılacağı üzere piyasa ekonomisi muhtelif nedenlerden dolayı başarısızlıklara uğramakta ve optimal etkinlikte işlerlik gösterememektedir. Piyasanın başarısızlığı ise kamusal regülasyonlara başvurulmasına gerekçe oluşturmaktadır.

## V.SONUÇ

İktisadi regülasyonlar, iktisadın nispeten yeni bir alt-disiplini olarak kabul edilebilecek olan Regülasyon İktisadı'nın konusunu oluşturur. Piyasa ekonomisinin etkin ve fonksiyonel işlerliği için regülasyonlar (kontroller) gereklidir. Bir başka ifadeyle, regülasyonlar piyasa başarısızlıklarının (yetersizliklerinin) kaçınılmaz bir sonucudur. Önemli olan oluşturulacak olan regülasyon ve kontrollerin piyasa ekonomisinin ana felsefesine uygun olması ve piyasaların etkin ve fonksiyonel işlerliğini azaltmamasıdır.

## KAYNAKLAR

Akerlof, George Arthur, *"The Market for "Lemons": Quality Uncertainty and the Market Mechanism"*, The Quarterly Journal of Economics, Vol: 84, No: 3, 1970, pp. 488-500.

Akça, Haşim, Regülasyon Ekonomisi, Adana: Nobel Kitabevi, 2007.

Aktan, Coşkun Can, "Regulatory Public Policies : An Introductory Survey", the International Journal of Economics and Finance Studies (IJEFS), Vol 8. No 2 , 2016.

Aktan, Coşkun Can, *"Regulation and Control vs. Deregulation and Decontrol"*, Dokuz Eylül Üniversitesi, İktisadi ve İdari Bilimler Fakültesi Dergisi, Dergisi, Cilt:8, Sayı:2, 1993.

Aktan, Coşkun Can, Kamu Ekonomisi ve Kamu Maliyesi, İzmir: Anadolu Matbaacılık, 2001.

Aktan, Coşkun Can, Değişim Çağında Devlet, Konya: Çizgi Kitabevi, 2003.

Aktan, Coşkun Can, Privatization and The Turkish Experience, Ankara: Seçkin Yayıncılık, 2004.

Aktan, Coşkun Can, *"Piyasa Başarısızlığının Anatomisi ve Kamu Ekonomisi Rasyoneli"*, içinde: Coşkun Can Aktan & Dilek Dileyici, Kamu Ekonomisi, İzmir: Birleşik Matbaacılık, 2009, ss. 1-30.

Aktan, Coşkun Can & Mehmet Tosuner., *"Dışsal Ekonomiler"*, Dokuz Eylül Üniversitesi, İktisadi ve İdari Bilimler Fakültesi Dergisi Dergisi, Cilt: 1, Sayı: 1, 1986, ss. 139-153.

Aktan, Coşkun Can & Yusuf Tuğrul Karaaslan, *"Regülasyon Ekonomisi ve Kamusal Regülasyon Teorisi"*, içinde: Coşkun Can Aktan & Dilek Dileyici, Kamu Ekonomisi, İzmir: Birleşik Mat., 2009, ss. 79-100.

Alkin, Erdoğan, *"Piyasa Ekonomisine Kamu Müdahalesi"*, İstanbul Ticaret Üniversitesi Dergisi, 2004, ss. 1-7.

Alkin, Erdoğan & Kemal Yıldırım & Mustafa Özer, İktisada Giriş, içinde: İlyas Şıklar (ed.), T.C. Anadolu Üniversitesi Yayını No: 1472, Açıköğretim Fakültesi Yayını No: 785, 2003.

Ardıyok, Şahin, Doğal Tekeller ve Düzenleyici Kurumlar, Türkiye için Düzenleyici Kurum Modeli, Ankara: Rekabet Kurumu, 2002.

Atiyas, İzak, *"Ne İçin ve Nasıl Regülasyon?"*, içinde: İzak Atiyas (Koor.), Devletin Düzenleyici Rolü, İstanbul: TESEV Yay., 2000, ss. 19-34.

Bator, Francis Michel, *"The Anatomy of Market Failure"*, The Quarterly Journal of Economics, 1958, pp. 351-379.

Begg, David & Stanley Fischer & Rudiger Dornbusch, Economics, İstanbul: Alkım Yayınevi, 1997.

Brown, Charles Victor & Peter Mcleod Jackson, Public Sector Economics, Oxford: Blackwell, 1994.

Çetin, Tamer, *"Regülasyon İktisadi Üzerine Farklı Yaklaşımlar"*, Telekomünikasyon ve Regülasyon Dergisi, Yıl: 1, Sayı: 2, Nisan-Mayıs-Haziran, 2005, ss. 106-123.

Çetin, Tamer, *"Regülasyonun Etkinlik Analizi ve Regülasyon Türleri"*, Çimento İşveren Dergisi 1, Ocak, 2009, ss. 22-38.

Demir, Ömer, Kurumcu İktisat, Ankara: Vadi Yayınları, 1996.

Hertog, Johan Den, *"General Theories of Regulation"*, 1999,
http://encyclo.findlaw.com/5000book.pdf, 30.11.2016, (Hertog,
Johan Den, *"General Theories of Regulation."* in: Boudewijn Bouckaert & Gerrit de Geest (eds.), Encyclopedia of Law and Economics, Volume III. The Regulation of Contracts, Cheltenham, UK: Edward Elgar, 1999, pp. 223-270).

Kleinsteuber, Hans-Jürgen, *"The Internet between Regulation and Governance"* in: Christian *Moller* & Arnaud *Amouroux (eds.)*, OSCE Representative on Freedom of the Media, The Media Freedom Internet Cookbook, Vienna: OSCE, 2004, pp. 61-75.

Kraus, Michael, *"Liberalised Energy Markets-Do We Need Re-Regulation?"* Applied Research in Environmental Economics, Physica-Verlag HD, 2005, pp. 197-218.

North, Douglas Cecil, Kurumlar, Kurumsal Değişim ve Ekonomik Performans, (Çev. Gül Çağalı Güven), İstanbul: Sabancı Üni. Yay., 2010.

Ogus, Anthony, *"Self Regulation"*, 1999, http://encyclo.findlaw.com/9400book.pdf, 01.12.2016, (Anthony Ogus, *"Self Regulation"*, in: Boudewijn Bouckaert & Gerrit de Geest (eds.), Encyclopedia of Law and Economics, Volume III. The Regulation of Contracts, Cheltenham, UK: Edward Elgar, 1999, pp. 587-602).

Oğuz, Fuat, Devlet ve Piyasa: Regülasyon Ekonomisine Giriş, Ankara: Seçkin Yayıncılık, 2011.

Parker, David, *"Economic Regulation: A Preliminary Literature Review and Summary of Research Questions Arising"*, Centre on Regulation and Competition, Working Paper Series, Paper No: 6, October, 2001.

*Savaş*, Vural, *Piyasa Ekonomisi* ve *Devlet*, İstanbul: *Beta* Basım Yayım Dağıtım A.Ş., *1987.*

Stigler, George, *"The Theory of Economic Regulation"*, Bell Journal of Economics and Management Science, Vol: 2, 1971, pp. 3-21.

Tepe, Berna & Şahin Ardıyok, "*Devlete Yeni Rol: Regülasyon*", Amme İdaresi Dergisi, Cilt: 37, Sayı: 1, Mart, 2004, ss. 105-130.

# REGÜLASYONLARIN POLİTİK İKTİSADI:
## Regülasyonların Etkileri, Fayda ve Maliyetleri[1]

Coşkun Can Aktan
Serdar Yay

### I. GİRİŞ

Bu çalışma içerisinde başlıca regülasyon teorileri ele alındıktan sonra, regülasyonun etkileri, fayda ve maliyetleri kısaca incelenmektedir.

### II. TEORİ: BAŞLICA REGÜLASYON TEORİLERİ

Literatürde kamusal regülasyon teorileri genellikle iki başlık altında incelenmektedir. Devletin regülasyon faaliyetlerini elde edilen kazanımlar açısından inceleyen yaklaşımlardan birincisi *"kamu çıkarı teorisi"*, bir diğeri de *"özel çıkar teorisi"* dir (Aktan, 2016b;317-320). Kamusal regülasyonlar devletin piyasalara bir müdahale şekli ve ekonomideki rolü ile bağlantılı bir husus olarak ele alındığından kamusal regülasyonları açıklayan teoriler iktisadi yaklaşımların devlet ile ilgili görüşlerine göre şekillenmiştir. Dolayısıyla kamu çıkarı teorisi kamusal regülasyonları piyasa başarısızlıkları ve bunların telafi edilmesi yönünde ele alırken, özel çıkar teorisi çıkar grupları ve rant kollama faaliyetleri ekseninde ele almaktadır (Çevik & Demir, 2005: 252).

---

[1] Bu çalışma daha önce şu dergi içerisinde yayınlanmıştır: C.C. Aktan ve S. Yay, Regülasyonların Politik İktisadı: Regülasyonların Etkileri, Fayda ve Maliyetleri, Ekonomi Bilimleri Dergisi, Cilt 8, No 2, 2016

Kamu çıkarı teorisi, kamusal regülasyonları topluma sağlanan refah açısından incelemektedir. Regülasyonların ölçek ekonomilerinden, dışsal ekonomilerden, kamusal mallardan, aksak rekabetten ve eksik enformasyon gibi çeşitli sebeplerden kaynaklanan piyasa başarısızlıklarının giderilerek toplumsal refahın maksimize edilmesi amacına dönük olarak uygulanması gerektiğini savunmaktadır. Bu teoriye göre regülasyon, piyasa başarısızlıklarını ortadan kaldırmak için sürdürülen politik çabaların bir sonucu olarak ortaya çıkmaktadır (Hantke-Domas, 2003: 166; Aktan & Karaaslan, 2009: 82). Teori, kısaca, regülasyonların toplumun refahını arttıracak bir şekilde oluşturulması gerektiğini savunmaktadır. Buna göre kamu çıkarı teorisinin öngördüğü toplumsal refahı arttıracak regülasyonları şu şekilde sıralamak mümkündür: ölçek ekonomilerinin ve dışsallıkların olumsuz etkilerini azaltmak, kamusal malların arzını yönetmek, piyasa rekabet şartlarını iyileştirmek ve enformasyon problemlerini gidermek yoluyla piyasa başarısızlıklarını ortadan kaldırmak.

İktisadi açıdan kamu yararı, bireysel ve toplumsal tüketim için kıt kaynakların etkin tahsisinin sağlanması olarak tanımlanmaktadır (Oğuz, 2011: 73). Kıt olan bu kaynakların tahsisinde etkinliği sağlamanın en iyi yolunu devletin yaptığı regülasyonlar olarak gören kamu çıkarı yaklaşımı, ekonominin optimal etkinlik seviyesine ulaşabilmesi için regülasyon biçimlerinin aktif bir şekilde kullanılmasını öngörmektedir.

Kamu çıkarı teorisine göre kamusal regülasyonlar olmaz ise piyasa da *"refah kayıpları (welfare loss)"* ortaya çıkmaktadır. Öte yandan regülasyon piyasanın istikrarının ve piyasa dengesinin sağlanmasını gerçekleştirmektedir (Akça, 2007: 61).

Kamu çıkarı teorisine yönelik olarak çok fazla eleştiri yapılmıştır. Bu eleştirilerin temelinde piyasanın ortaya çıkan etkinsizlikleri devlet müdahalesine gerek kalmadan ortadan kaldırabileceği görüşü ve *"sınırlı devlet yaklaşımı"* vardır. Bu yaklaşıma göre en iyi devlet: Sınırlandırılmış ve hukuk kurallarına bağlanmış devlettir, sınırlandırılmamış, kurallara bağlanmamış bir devlet, insan hak ve özgürlüklerinin en büyük ihlalcisidir. Piyasa ekonomisine devletin aşırı müdahaleleri beklenenin aksine piyasa ekonomisinin işleyişinde ciddi ekonomik, siyasal ve sosyal sorunlar ortaya çıkarmaktadır.

Kamusal regülasyonlar konusunda ikinci yaklaşım "özel çıkar teorisi" dir. Özel çıkar teorisi, Chicago İktisat Okulu ve Virginia Politik İktisat Okulu'nun önde gelen akademisyenleri tarafından geliştirilmiştir. Teoriye göre devletin uygulamaya koyduğu regülasyonlar çoğunlukla özel çıkar gruplarının menfaatlerine hizmet etmektedir. Toplumsal refaha katkıda bulunmak amacıyla uygulamaya konulan regülasyonlar, bazı imtiyazlı grupların çıkarlarına hizmet etmekten başka bir işe yaramamaktadır. Özel çıkar teorisini savunan iktisatçılara göre, iyi organize olan gruplar dağınık halde bulunan ya da yeterli düzeyde organize olamamış gruplara göre regülasyonlardan çok daha yüksek oranlarda yararlanacak ve toplum yararına hizmet amacıyla uygulamaya konan regülasyonlardan beklenen faydalar gerçekleşmemiş olacaktır (Aktan & Karaaslan, 2009: 82-83). Sonuç olarak regülasyonlar, iyi organize olmuş çıkar gruplarının yararına hizmet etmiş olacaktır.

Yukarıda da değindiğimiz 1982 Nobel Ekonomi Ödülü sahibi George J. Stigler, 1992 Nobel Ekonomi Ödülü sahibi Gary S. Becker ve Richard A. Posner gibi Chicago İktisat Okulu'nun önde gelen iktisatçıları tarafından öne sürülen kamu regülasyonları teorisine göre regülasyonlardan sadece regülasyonları belirleyen regülasyon kurumlarını ele geçirenler yararlanmaktadır. Literatürde bu durum *"ele geçirme teorisi (capture theory)"* olarak da karşımıza çıkmaktadır. Buna göre, regülasyon kurumunun gerçekleştirdiği düzenlemelerden belirli bir büyüklük ve hacime ulaşmış firmalar faydalanmakta, bu düzeye ulaşamamış diğer küçük çaptaki firmalar ise bu regülasyonlardan yeterince yararlanamamakta ve hatta olumsuz etkilenmektedirler. Regülasyon konularında iyi organize olmuş ve lobicilik yönünde örgütlenmiş büyük firmalar, iyi organize olamamış küçük firmalar karşısında yapılacak düzenlemeleri kontrol edebilme kabiliyetine ulaşmaları nedeniyle hakim konuma geçmekte ve tüm düzenlemeleri kendi çıkarları doğrultusunda belirleyebilmektedirler (Shleifer, 2005: 441; Brown & Jackson, 1994: 49).

Chicago İktisat Okulu'nun önde gelen temsilcilerinden George Stigler *"Regülasyonun Ekonomik Teorisi (The Theory of Economic Regulation)"* isimli makalesi regülasyon teorileri açısından dönüm noktası olmuştur. Stigler, makalesinde dikkatleri kamu çıkarı teorisinden uzaklaştırarak çıkar gruplarının regülasyon politikalarını etkileyerek kamu rantlarını paylaşma konusundaki gayret ve çabalarına yoğunlaştırmıştır. Analizindeki temel aktörler, iş adamları ve politikacılardır ve bu kişiler için kamu çıkarından ziyade kendi kişisel çıkarları ön plandadır. İş adamları kendi kişisel kaynaklarını, menfaatlerine olacak kararların alınması doğrultusunda harcamaktan çekinmemektedirler. İş çevreleri rekabeti engelleyen ve ekonomik rant yaratan regülasyonları desteklemektedirler (Stigler, 1971: 3).

Stigler, regülasyonun niçin var olduğu sorusuna cevap aramış, bu soruyu regülasyonu piyasada talep ve arz edilen bir mal olarak ele alıp açıklamıştır. Buna göre, çıkar grupları menfaatlerine yönelik regülasyonu talep etmekte iken, seçilmek veya yeniden seçilmek isteyen politikacılar ise bu malı arz etmektedir. Böylece regülasyonlar toplumda servet transferinin bir aracı olarak karşımıza çıkmaktadır (Oğuz, 2011: 99-100; Akça, 2007: 76). Sonuç olarak regülasyonlar kendilerine servet transferi sağlamak isteyenler ve kendi servetlerinin başkalarına transfer edilmesini önlemek isteyenler arasındaki mücadelenin yasal bir aracı olacaktır.

Stigler, kamu yararı teorisine ağır eleştiriler getirmiştir. Ona göre eğer bir endüstri devlet üzerinde bir güce sahip ise bunu mutlaka kullanacaktır (Stigler, 1971: 12). Dolayısıyla regülasyonlar, endüstrinin kendi yararına hizmet edecek biçimde yine endüstri tarafından belirlenmektedir. Endüstriye sübvansiyonlar (teşvikler) sağlanması, tarife ve tarife-dışı engeller gibi sonuçta özel şirketlerin yararına sonuçlar ortaya çıkarmaktadır (Aktan & Karaaslan, 2009: 83).

*Virginia Politik İktisat* Okulu'nun kurucularından olan 1986 Nobel Ekonomi Ödülü sahibi James M. *Buchanan* başta olmak üzere Kamu Tercihi iktisatçıları ise kamusal regülasyonlar ile ilgili *"rant kollama (rant seeking)"* faaliyetlerine dikkat çekmişlerdir. Rant kollama kavramı bireylerin ve/veya çıkar gruplarının karşılıksız bir servet transferi elde etme faaliyetlerini tanımlamaktadır. Devletin büyümesi ve görev ve fonksiyonlarının genişlemesi sonucu rant kollama faaliyetleri artmaktadır (Aktan, 2003: 20). Buna göre toplumsal veya politik yaşamda karşılaşılan rant kollama çabaları, kamu regülasyonlarının bir sonucudur. Devlet müdahaleleri veya düzenlemeleri bireyleri ve özel grupları rant kollama faaliyetlerine yöneltmektedir. Devlet müdahaleleri neticesinde özel çıkar grupları, kaynaklarını regülasyonların etkileme alanı içerisine giren her türlü düzenlemeyi bertaraf etmeye veya etkileyerek kendi çıkarları doğrultusunda kullanmaya yöneltmektedirler. Öte yandan kamu tercihi teorisi ağırlıklı olarak regülasyonların neden olduğu rant kollama faaliyetleri ve regülasyonların maliyetleri üzerinde durmaktadır (Aktan, Ay & Çoban, 2007: 223-224).

Chicago İktisat Okulu ve Virginia Politik İktisat Okulu mensuplarına göre iş dünyası, kamusal regülasyonlardan doğrudan etkilenmeleri nedeni ile kendilerini karar süreçlerinde müdahil olarak bulunma durumunda hissetmektedirler. Regülasyona tabi endüstriler kendi aralarında birleşerek dernek ve vakıf şeklinde çıkar grupları oluşturmakta ve bu lobicilik kurumları regülasyonları uygulamadan sorumlu uzmanları kendi taraflarına çekmeye çalışarak rant yaratma ve rant kollama faaliyetlerine girişmektedirler. Böylece devlet kurumlarını etkileme gücüne erişen her endüstri firması, regülasyonlar üzerinde kontrol hakkına sahip olmaktadır. Öte yandan, atanmış olsun veya seçilmiş olsun üst düzeyde yetkili kamu görevlilerinin, kendi hakimiyet alanlarının genişletilmesi veya servetlerinin çoğaltılması amacına dönük faaliyetlerde bulunmaları mümkündür. Regülasyona tabi tutulan firmalar, sahip oldukları kaynakların bir kısmını bu kişilerin görevde kalmalarını temin etmek için kullanabilirler ve görevdeki bürokratlar da firma sahiplerinin sağladıkları bu menfaatlere karşılık ilgili firma ya da endüstriye özel çıkarlar sağlarlar (Carlton & Perloff, 200: 652; Aktan & Karaaslan, 2009: 84).

Son yıllarda regülasyona iktisadi bir açıklama getiren bu iki teori dışında Yeni Kurumsal İktisat Okulu'nun içerisinde şekillenen düşünceler de önem kazanmıştır. Dolayısıyla kanaatimizce bu görüşlere değinmek gerekmektedir.

Yeni Kurumsal İktisat Okulu regülasyonları politikacıları arasındaki karmaşık işlemler ağı olarak görmektedirler. Diğer iki teoriden farklı olarak daha çok regülasyonun kurumsal arka planına dikkat çekmişlerdir. Buna göre regülasyon, oyunun (piyasanın) kurallarını değiştirmekte ve yeni güdüler yaratmaktadır. Eğer bu güdüler piyasanın yapısına iyi işliyorsa regülasyonlar etkili olabilecektir (Oğuz, 2011: 247-254). Bu nedenle regülasyon konusunda piyasanın kurumsal yapısı büyük önem arz etmektedir.

Yeni Kurumsal İktisat Okulu'na göre regülasyonlar açısından en önemli konu işlem maliyetlerinin düşürülmesidir. Kamusal regülasyonların başlangıçtaki amaçları ile sonuçları arasında ciddi anlamda farklar olmaması için işlem maliyetlerinin göz ardı edilmemesi gerekmektedir. Regülasyonlar açısından bir diğer önemli konu ise *"sözleşmeler"*dir. Ayrıntılı olarak ilk kez Thomas Hobbes tarafından ele alınan iyi bir toplumsal düzen için mutlaka gereken sözleşmelerin karmaşıklığı, eksikliği veya manipüle edilmesi kamusal regülasyonların başarıya ulaşmasını engellemektedir (Çevik & Demir, 2005: 255). Dolayısıyla kamusal regülasyonların başarıya ulaşması için işlem maliyetlerinin düşürülmesinin yanı sıra sözleşmelerin karmaşıklığının ortadan kaldırılması, tamamlanması ve çıkar gruplarının sözleşmeleri manipüle etmemesi gerekmektedir. 2016 Nobel Ekonomi Ödülü'ne sözleşmeler ile ilgili çalışmaları sayesinde Oliver Hart ve Bengt Holmström layık görülmüştür.

Yeni Kurumsal İktisat Okulu içerisinde gelişen fikirlerden bir diğeri ise kamusal regülasyonların tarihsel boyutlarının ihmal edilmemesi gerektiği olmuştur. Buna göre, kamusal regülasyonlar tarihsel bir olgu olarak da değerlendirilmeli ve devlet müdahalesi tarihsel faktörler tarafından da şekillenmelidir. Çünkü kamusal regülasyonlar ile gelecekte ulaşmak istediğimiz hedefler geçmişte bulunan konuma da bağlı olmaktadır (Çevik & Demir, 2005: 255). Ekonomilerin zaman içerisinde nasıl evrildiğini dikkate alarak bugünü geçmiş yardımıyla açıklama düşüncesi Yeni Kurumsal İktisat Okulu içerisinde Yeni İktisat Tarihi yaklaşımının doğmasına yol açmıştır (Uzun, 2001: 83). 1993 Nobel Ekonomi Ödülü bu konulardaki çalışmalarından dolayı Yeni Kurumsal İktisat Okulu'nun en önemli temsilcilerinden Douglass C. North ve Robert W. Fogel'e verilmiştir. (North, 2010.)

## III. KAMUSAL REGÜLASYONLARIN ETKİLERİ

Piyasa başarısızlıklarını ortadan kaldırmak için devletin çözüm yolu olarak başvurduğu regülasyonların etkileri de önem taşıyan bir diğer konudur. Regülasyonların genel etkileri, regülasyonların fiyatlar üzerine etkileri, regülasyonların üretim maliyetlerine etkileri, regülasyonların ürün kalitesine etkileri, regülasyonların inovasyon ve verimlilik artışına etkileri, regülasyonların dağıtım etkisi gibi analizler ve sınıflandırmalar yapılabilir. (Joskow & Rose, 1989: 1449) Ancak, regülasyonların etkilerinin regülasyonların amacına, yöntemine, kullanılacak araçlara, piyasanın türüne ve piyasa oyuncularına yansımalarına vb. değişkenlere göre değiştiğini görmekteyiz. Bu nedenle genel anlamda regülasyonların etkilerini; *"regülasyonların iktisadi etkileri"*, *"regülasyonların siyasi etkileri"*, ve *"regülasyonların sosyal etkileri"* olmak üzere üç başlık altında inceleyebiliriz.

Regülasyonların bütçe üzerine, ekonomik büyüme üzerine kaynak tahsisi üzerine, gelir dağılımı adaleti üzerine, piyasalardaki mal ve hizmetlerin fiyat, kalite, verimlilik vb. faktörleri üzerine etkilerini *"regülasyonların iktisadi etkileri"* olarak sınıflandırabiliriz.

Devletin regülasyona karar vermesinden, regülasyonun uygulanmasına kadar ki her aşama işlem maliyetlerinin artması demektir. Dolayısıyla regülasyonlar devlet bütçesine ek yük olacak ve olumsuz bir etki yaratacaktır. Öte yandan regülasyonlar sadece devlet bütçesine değil, firmaların regülasyonlara uyum için harcama yapmasını gerektireceğinden bu durum firmaların bütçesine de olumsuz yansıyacaktır.

Regülasyonların ekonomik büyüme üzerine etkisi de negatiftir. Ekonomik piyasaya doğrudan müdahale eden ve piyasa oyuncularının karar ve faaliyetlerini kısıtlayan regülasyonlar piyasalar üzerinde olumsuz etkiler yaratır ve ekonomik performans üzerinde negatif bir etki ortaya çıkmış olur.

Regülasyonlar rant kollama faaliyetlerinin artmasına neden olacaktır. Rant kollama faaliyetlerinin artması ise hem gelir dağılımı adaletinin bozulması hem de kaynak tahsisinde etkinliğin bozulması anlamına gelecektir.

Piyasadaki firmaların regülasyonların etkisini telafi etmeye çalışması, mal ve hizmetlerin fiyatlarının artmasına ve kalitelerinin azalmasına, en önemlisi de verimliliğin azalmasına yol açabilir.

Devletin regülasyonlara sık başvurması görev ve fonksiyonlarının artması ve dolayısıyla güç ve yetkilerinin de artması anlamına gelecektir. Bu da devletin faaliyet alanının sınırlarının genişlemesine yol açacaktır. Bu durumun sebep olduğu rant kollama faaliyetleri regülasyonların ekonomik olarak etki yaratmasının yanı sıra *"regülasyonların siyasi etkileri"* nin de ortaya çıkmasına neden olacaktır.

Son olarak *"regülasyonların sosyal etkileri"* nin de olduğunu söyleyebiliriz. Devletin kişi ve firmaların özel faaliyetlerine regülasyonlar yoluyla müdahale etmesi, toplumdaki kişi ve grupların yaşamlarını doğrudan etkileyecektir. Örneğin, devletin piyasaya doğrudan müdahale etmesi firmaların yatırım kararlarını da doğrudan etkileyebilir ve firmaların kararlarına daha uygun piyasalara, bölgelere hatta ülkelere yönelmesine yol açabilir.

Doğal tekellerin çeşitli gerekçelerle yasal tekeller haline getirilmesi veya tekelleşme eğiliminin olduğu piyasaların çeşitli regülasyonlara tabi tutulması son derece önemli sonuçlara sebep olacaktır. Çünkü tüm tekeller toplumsal refahın kaybına neden olmaktadır. Bununla birlikte devletin çevre kirliliğini önlemeye yönelik piyasaya yapacağı herhangi bir müdahale ise toplumsal refahı arttıracaktır.

Regülasyonların toplumun refahından ekonomik büyümeye, bireylerin yaşamlarından firmaların kararlarına, gelir dağılımı adaletinden kaynak tahsisine kadar geniş bir etki alanı bulunmaktadır. Ancak, görüldüğü gibi regülasyonların olumsuz etkileri oldukça fazladır. Çünkü, esasen piyasa başarısızlıklarına müdahale eden devlet başarısızdır. Yukarıda da değindiğimiz piyasa başarısızlıklarına neden olan asimetrik enformasyon, aksak rekabet vb. pek çok durum devlette de görülmekte, dolayısıyla devletin başarısızlığına neden olmaktadır.

Bu noktada klasik iktisadın ve liberal iktisadi düşüncenin öncüsü Adam Smith'in 1759 yılında yazdığı *"The Theory of Moral Sentiments (Ahlaki Duygular Teorisi)"* isimli ilk eserinde yer alan şu cümleyi hatırlatmakta fayda görüyoruz (Smith, 2006: 185): *"Devlet müdahaleleri mükemmel olmayan çözümdür."*

## IV. KAMUSAL REGÜLASYONLARIN FAYDA VE MALİYETLERİ

Kamusal regülasyonların fayda ve maliyetlerine ilişkin ilk çalışmalar 1990'lı yıllarda yapılmıştır. *Robert W. Hahn* ve *John A. Hird* 1991 yılında ABD'deki regülasyonların fayda ve maliyetlerini incelemiş ve bu konudaki ilk kapsamlı çalışmayı yapmışlardır (Oğuz & Çakmak, 2002: 146-147).

Kamusal regülasyonların temel gerekçesi piyasa başarısızlıkları nedeniyle toplumsal refahın azalmasını engellemektir. Ancak, devletin piyasaya müdahalesinin maliyetlerinin göz ardı edilmemesi, regülasyonlara başvurulmadan önce söz konusu regülasyonların ortaya çıkaracağı muhtemel maliyetlerin bilinmesi gerektiği de unutulmamalıdır. Bu nedenle kamusal regülasyonun hem faydaları hem de maliyetlerinin mutlaka dikkate alınması ve ancak faydaların maliyeti aştığı durumlarda kamusal regülasyonlara başvurulması gerekmektedir.

Kamusal regülasyonların piyasada verimliliğin, yeniliklerin, ürün çeşitliliğinin artması, hizmet kalitesinin ve rekabet gücünün artırılması ve bu sayede uluslararası pazarlara daha kolay uyum sağlanması, firmaların toplam kazancının sınırlanması, yasaklanmış davranışların kontrolü, fiyat yapısının, piyasaya giriş-çıkışın ve ortak tüketimin düzenlenmesi gibi faydaları vardır (Erol, 2003: 49-50).

Paul H. Rubin etkinliği takviye, altruizm ve korku olmak üzere regülasyon için üç temel siyasal haklılaştırmanın mevcut olduğunu belirtmiştir. Örneğin ağır kayıpları önlemek için antitröstü kullanmak gibi bazı regülasyonların piyasadaki etkinsizliği ortadan kaldırmak (etkinliği takviye), tüketiciler için fiyatları düşürmek (altruizm) ve monopollerin haksız elde ettikleri kazançlarını onlardan almak (korku) gibi faydalar regülasyonu siyasal açıdan haklılaştırmaktadır (Rubin, 2014: 169).

Modern iktisat biliminin önemli kurucularından biri kabul edilen Karl Polanyi ise piyasa ekonomisinin kendi kendine dengesini sağlama fikrini tamamen ütopya olduğunu savunmuştur (Polanyi, 2001: 3). Buna göre piyasalar kendiliğinden fonksiyonel işlerliğe sahip değildir ve olamaz. Dolayısıyla piyasanın dengeye gelmesini sağlamak, aksak ve haksız rekabeti ortadan kaldırmak ve piyasada tam rekabet koşullarını sağlamak için regülasyonlara mutlaka ihtiyaç duyulmaktadır. Bu nedenle piyasaların etkin işleyişine yönelik yapılan yapısal regülasyonların faydalı olduğunu söyleyebiliriz.

Aktan ve Karaaslan'a göre ise piyasa ekonomisinin tabii işleyişinde etkin sonuçlar beklemenin imkansızlığı kamusal müdahale ya da düzenlemelere olan ihtiyacı beraberinde getirmektedir. Örneğin, tamamen bölünemeyen, pazarlanamayan ve kollektif tüketime konu olan savunma, adalet ve diplomasi gibi kamusal malların üretiminin piyasa ekonomisi tarafından gerçekleştirilmesi oldukça zor, hatta imkansızdır. Bu nedenle, bu tür hizmetlerin sunulması için devletin ekonomiye müdahalesi gerekli olmaktadır. Öte yandan tam kamusal mallar dışında kalan diğer kamusal malların (yarı kamusal mallar, merit mallar vb.) üretiminin devlet tarafından üstlenilmesi zorunlu değildir. Bu tür mal ve hizmetler özel ve üçüncü sektör (kar amacı gütmeyen özel sektör) tarafından da sunulabilmektedir. Söz konusu bu mal ve hizmetlerde kamusal müdahale ya da regülasyonun hem faydaları hem de maliyetlerinin dikkate alınması ve ancak faydaların maliyeti aştığı durumlarda kamusal regülasyonlara başvurulması gerektiğini söyleyebiliriz (Aktan & Karaaslan, 2009: 88).

Geleneksel iktisat teorisinde yer alan piyasa başarısızlıkları argümanları her zaman kamusal regülasyonlara başvurulması için yeterli ve ikna edici değildir. Örneğin, uzun yıllar eğitim, sağlık ve sosyal güvenlik gibi yarı kamusal mallar; enerji, posta ve telekomünikasyon, demiryolları ve denizyolları gibi hizmet alanları "kamusal mallar" kategorisinde düşünülmüş ve bu mal ve hizmetlerin devlet tarafından sunulması savunulmuştur. Oysa günümüzde bu tür mal ve hizmetlerin çeşitli nedenlerle özel kesim tarafından sunulması yönünde bir eğilimin tüm dünyada yaygınlaştığını görmekteyiz (Aktan & Karaaslan, 2009: 88). Dolayısıyla, bu tür mal ve hizmetlerin kamu ya da özel kesim tarafından sunulmasının sağlayacağı fayda ve maliyetlerin çok iyi analiz edilmesi önem taşımaktadır. Sonuç olarak kamusal regülasyonların elbette olumlu yanları bulunmaktadır ancak özellikle geleneksel piyasa başarısızlığı teorisine bakarak kamusal regülasyonlara meşruiyet yolu aramak günümüz açısından ikna edici bir yaklaşım değildir.

Regülasyonların, piyasa başarısızlıklarına en iyi çözüm olup-olmadığını yorumlayabilmek için yukarıda saydığımız faydalarının yanı sıra maliyetlerini de ele almamız gerekmektedir.

İktisadi regülasyonların maliyetleri idari maliyetler, uyum maliyetleri, fırsat maliyetleri, refah maliyetleri, rant kollama faaliyetleri, kaynakların yanlış yönlendirilmesi ve ahlaki çöküntü (moral hazard) olarak karşımıza çıkmaktadır (Aktan, 2016;227-230). Aşağıda Şekil 5'te iktisadi regülasyonların başlıca maliyetleri yer almaktadır.

**Şekil 5:** İktisadi Regülasyonların Başlıca Maliyetleri

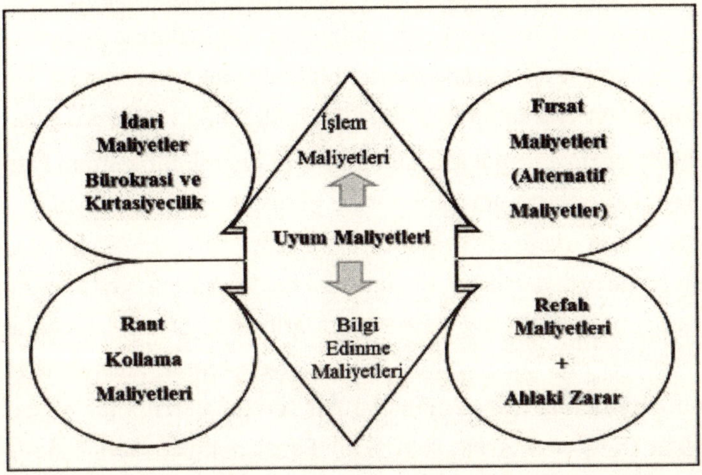


Kamusal regülasyonların sebep olduğu maliyetlerin başında "*idari maliyetler (administrative costs)*" gelmektedir. Regülasyon bir süreçtir. Bir regülasyonun birinci süreci yasama, yani piyasa ekonomisine yapılacak olan müdahalenin yasallaşmasıdır. İkinci süreç ise regülasyon ile ilgili kurumların oluşturulmasıdır. Daha sonra politika oluşturma süreci, regülasyonun uygulanması ve izlenmesi süreçleri birbirini takip eder. Son süreç ise denet-lemedir. Çünkü devletin regülasyonların hedeflenen politikalara uyup uymadığını denetlemesi gerekmektedir. Bütün bu süreç şüphesiz büyük harcamalar gerektirmektedir (Akça, 2007: 128). Regülasyonlara karar verilmesinden, regülasyonların oluşturulması, uygulanması, sürdürülmesi ve denetlenmesine kadar devletin yaptığı bütün bu harcamalar idari maliyetler içerisinde yer almaktadır.

Regülasyonlar nedeniyle piyasa aktörlerinin ve vatandaşların katlanması gerektiği maliyetlere "*uyum maliyetleri (compilance costs)*" denilmektedir. Bireyler ve firmalar, kamusal regülasyonların gerekli kıldığı şartları yerine getirmek için mutlaka harcama yapmak zorundadırlar. Uyum maliyetleri; *"işlem maliyetleri"* ve *"bilgi edinme maliyetleri"* nden oluşur (Aktan & Karaaslan, 2009: 89). İşlem maliyetleri bireylerin ve firmaların regülasyonlar dolayısıyla yaptıkları tüm işlemlerin maliyetini, bilgi edinme maliyeti ise yine bireylerin ve vatandaşların regülasyonlar konusunda bilgilenme dolayısıyla katlanmış oldukları maliyeti tanımlamaktadır.

Bireylerin ve firmaların zamanlarının önemli bir kısmını kamusal regülasyonların gereğini yerine getirmek için harcamaları sonuçta *"fırsat maliyeti (oppurtunity costs)"* adı verilen bir başka maliyeti de ortaya çıkarır. Kurumsal İktisat yazınına büyük katkılar sağlamış olan Wolfgang Kasper ve Manfred E. Streit, kaynakların alternatiflerinin kullanımını fırsat maliyeti olarak adlandırmıştır. Buna göre teknik olarak aynı olan bir tercih, alternatifini vazgeçirecektir (Kasper & Streit, 2002: 636). Fırsat maliyeti, kamusal regülasyonların sonucu katlanılan işlem maliyetleri nedeniyle verimli ekonomik faaliyetlerden uzaklaşmanın maliyetini açıklamaktadır.

Kamusal regülasyonların bir diğer maliyeti de *"rant kollama (rent seeking)"* faaliyetleri dolayısıyla ortaya çıkmaktadır. "*Rant kollama maliyetleri (rent seeking costs)*", regülasyonların sebep olduğu maliyetlerin belki de en yıkıcı ve en tahripkar olanıdır. Çünkü rant kollama faaliyetleri içinde bulunulan dönemle sınırlı kalmayıp gelecek dönemlere de yansıma etkisine sahiptir (Aktan & Karaaslan, 2009: 89).

Rant kollama konusunu ilk defa ortaya atan Kamu Tercihi (Public Choice)'nin gelişmesine büyük katkılar sağlamış olan Gordon Tullock olmuştur. Ondan önce literatürde ilk kez Anne O. Krueger tarafından 1974 yılında ithalatın miktar kısıtlamalarının yarattığı rantlar konusunda yapılan bir incelemede kullanılmıştır. Daha sonraları 1982'de Jagdish Bhagwati, ithal lisansı elde etmek için yapılan koruyucu lobi faaliyetlerine *"premium seeking"*, vergi düzenlemelerinden faydalanmak için yapılan uğraşlara *"revenue seeking"*, gümrük vergilerinden doğan rantları ele geçirmek için yapılan faaliyetlere *"tariff seeking"* gibi adlar vermiştir. Direkt olarak prodüktif olmayan rant arayışı faaliyetlerine ise *"DUP (Directly Unproductive Profit-Seeking Activities)"* faaliyetleri adı verilir. Burada kıt olan kaynakların yapay olarak yaratılmış transferi ele geçirmek için harcanması söz konusudur (Sağlam, 2003: 36).

Doğal tekel teorisinde ise doğal tekelin yol açtığı etkinsizlikleri açıklayan geleneksel Harberger analizinin yetersiz kaldığı, çünkü bu analizin tekelleşmenin sebebiyet verdiği, dolaylı sosyal maliyetlerden çoğunu dışarıda bıraktığı şeklinde bir eleştiri mevcuttur (Sağlam, 2003: 37). Aşağıda Şekil 6'da tekelleşme sonucu ortaya çıkan söz konusu refah kayıpları analiz edilmektedir.

**Şekil 6:** Monopol (Tekel) Kollama

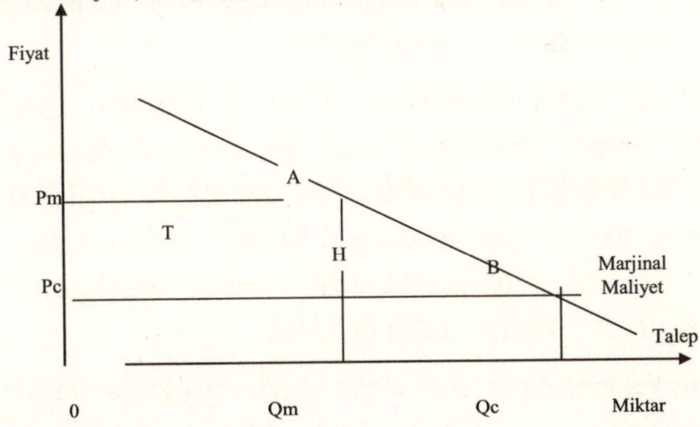


**Kaynak:** (Tullock, 1967: 225).

Bilindiği üzere tekel teorisinde, piyasa dengesi serbest rekabet düzeninde (Pc, Qc) iken, tekel dengesinde (Pm, Qm) olur. Tekel dengesi durumunda tüketicinin toplam surplus kaybı Pm AB Pc yamuğuna eşittir. Tüketicinin refah kaybının bir kısmı tekelciye (T dikdörtgeni) rant olarak transfer edilir. Geri kalan kısmı ise toplumsal açıdan kaybedilen bir israfı gösterir. İktisat teorisinde yapılan analize göre tekelin sosyal maliyeti, *"Harberger Üçgeni"* olarak tanımlanan (H) alanına eşittir.

İşte bu noktada Tullock, yukarıdaki analize aşağıdaki örneği vererek itiraz etmiştir: *"Hırsızlık fiili olarak tam bir transferdir ve bu uğraşın toplumsal bir maliyeti yoktur. Fakat hırsızlığın potansiyel bir faaliyet olarak bulunuşu, ekonomide çok büyük miktardaki kaynağın yön değiştirmesine yol açar."* Örneğin, hırsızın faaliyetini sürdürmek için yatırdığı kaynaklar, hırsızlık tehlikesinden korunmak için fertlerin ve kamunun harcadığı paralar bunlar arasında sayılabilir. Tullock'a göre, gelir transferinin direkt olarak sosyal maliyeti yoktur. Fakat fertlerin bu transferi ele geçirmek veya engellemek için yaptıkları faaliyetler ve harcadıkları kaynaklar, sosyal bakımdan büyük bir israfı oluşturur (Tullock, 1967: 230-231).

Tullock; doğal tekelin yol açtığı etkinsizliğin *"Harberger Üçgeni"* olarak tanımlanan alan ile sınırlandırılmasına karşı çıkmış, tekel hakkını elde etmek için potansiyel firmalar arasında rekabetin etkinsizliğini arttırdığını belirtmiş ve bu nedenle Şekil 6'da (T) alanında görülen etkinsizlik *"Tullock Dikdörtgeni"* olarak adlandırılmıştır (Hertog, 1999: 243-244).

Rant kollama devletten bir ekonomik veya sosyal transfer elde etmek amacıyla yapılan faaliyetlerdir, diğer bir deyişle kıt kaynakların yapay olarak yaratılan transferlere yönlendirilmesi anlamına gelmektedir (Aktan, 1992: 35; Tollison, 1982: 578). Rant kollama faaliyetleri devlet tarafından harcamada bulunulan tüm sektörler ve hizmetler için görülebilir.

Rant kollama faaliyetleri monopol kollama, tarife kollama, lisans kollama, kota kollama, sosyal yardım veya alturizm kollama, teşvik veya sübvansiyon kollama, şekillerinde görülebilir. Rant kollama faaliyetinde iki kesim söz konusudur: Bunlar rant yaratan ve dağıtan kesim ile rant elde etmeye çalışan kesimdir. Rant yaratan kesim *"devlet"* iken, rant elde etmeye çalışan kesimi ise iki grupta toplamak mümkündür: *"Bireysel rant kollayanlar"* ve *"kurumsal (örgütlü) rant kollayanlar"*. Bireysel rant kollama, herhangi bir örgüt yada kurum kanalıyla değil, bireysel olarak devletten bir ekonomik transfer elde etme gayretine verilen isimdir. Örneğin, bir firma sahibinin kendi çabasıyla teşvik elde etmeye çalışması bireysel rant kollama olayına bir örnektir. Kurumsal ya da örgütlü rant kollama ise ortak menfaatleri etrafında birleşen ve bunları gerçekleştirmek için örgütlenen kesimin devletten ekonomik transfer elde etme gayretine verilen isimdir. Bu şekilde rant kollamaya çalışanlara siyaset biliminde *"çıkar ve baskı grupları"* adı verilmektedir (Aktan, 2003: 21-25). Bunlara örnek olarak özel şirketleri, sendikaları, odaları, dernekleri, uluslararası iktisadi ve mali kuruluşları vb. örnek gösterebiliriz.

Rant kollamanın milli gelir üzerinde katkı sağlayıcı bir etkisi yoktur. Aksine rant kollayan kesimin bu faaliyetleri için ayırdıkları zamanı üretken faaliyetlere ayırmaları halinde elde edecekleri kazançlar ülkenin milli gelirindeki kayıpları oluşturur. Yasal dahi olsa rant kollama yararsız ve israfa neden olan bir faaliyettir. Rant kollamayı yaratan sürecin rüşvet, kayırmacılık, yozlaşma gibi sebeplerle yasal bir düzlemde oluşmaması, devletten servet transferi elde etme çabalarını daha da güçlendirmektedir (Aktan, 1993: 120).

Rant kollama faaliyetlerinin *"görünür sosyal maliyet"* ve *"görünmez sosyal maliyet"* olmak üzere iki tür maliyeti söz konusudur. Görünür sosyal maliyet, bütçe maliyetini yani parasal maliyeti tanımlamakta ve bireysel ve kurumsal düzeyde rant kollama gayretlerine yönelik yapılan harcamaların rakamsal tutarını ortaya koymaktadır. Görünmez sosyal maliyet ise alternatif maliyeti tanımlamakta, rant kollama faaliyetleri yerine doğrudan verimli olan iktisadi faaliyetlerde bulunma halinde milli gelire yapılacak olan katkı tutarını ifade etmektedir (Aktan, 2003: 27). Kamusal regülasyonların artması devletin büyümesine, görev ve fonksiyonlarının genişlemesine ve bu durum rant kollama faaliyetlerinin artmasına, dolayısıyla rant kollama maliyetlerinin de artmasına neden olacaktır. Bu durumun ortadan kalkması için yukarıda da değindiğimiz sınırlı devlet anlayışının mutlaka yerleşmesi, sınırlı ve sorumlu bir devlet anlayışı oluşturma yönünde mücadele verilmesi gerekmektedir.

Regülasyonların sebep olduğu maliyetlerden bir diğerini de *"refah kayıpları (welfare loss)"* oluşturur. Refah, kısa ve öz bir tanımla yaşamdan duyulan kişisel memnuniyeti ya da yaşam kalitesini ifade eder. Klasik liberalizme büyük katkılar sağlamış olan Norman P. Barry'in bir kamu malı türü olarak nitelendirdiği refahın sağlanması, kökenleri çok eskilere dayanmasına rağmen, ancak 19. Yüzyılın sonlarında ortaya çıkmaya başlayan günümüzün refah devletlerinin en önemli görevi olmuştur (Yay, 2014: 147; Barry, 2012: 239).

Refah devletini eleştiren bazı iktisatçılar, refah devletinin bürokratik kurumlar eliyle toplumun refahını sağlamayı ve yoksulluk gibi problemleri ortadan kaldırmayı amaçladığı iddia ederler. Bu durum ise arkadaş gruplarının ve sendikalar gibi sivil toplum kuruluşlarının rollerini taklit etmekten başka bir şey değildir.

Sonuç olarak toplumu yoksulluktan kurtarma gibi görevler yine gönüllü kuruluşlara kalacaktır (Barry, 2012: 445). Refah devleti ile birlikte merkezi bürokratikleşme ve kamusal regülasyonlar artacak, dolayısıyla bu durum rant kollama faaliyetlerinin artmasına ve refah kayıplarına neden olacaktır.

Öte yandan, demiryolları, posta ve telekomünikasyon, elektrik, doğal gaz ve su temini hizmetlerini bünyesinde barındıran doğal tekel uygulamaları, bir çok ülkede kamu imtiyazları tarafından gerçekleştirilmektedir. Devlet tarafından kendisine verilen tekel yetkisini kullanan tekel işletmeleri, mülkiyeti ister kamuda ister özel sektörde olsun toplumun refahında kayıplara sebep olmaktadır. Çünkü tekelde fiyatı rekabet düzeyinin üzerine çıkararak ve üretimini rekabetçi piyasanın yol açacağı düzeyin altına indirerek karını maksimize etmek anlayışı hakimdir. Bu durum hem refahın maksimum erişilebilir düzeyin altında olmasına hem de piyasada yapay bir kıtlığın ortaya çıkmasına neden olmaktadır. Buna ek olarak ülke kaynakları, tekel endüstrisini besleyen bir kısır döngünün devamı için savurganca harcanmaktadır (Aktan & Karaaslan, 2009: 90).

Richard A. Posner'e göre; tekel karını elde etmeye yönelik bir imkanın olması, kaynakları tekel konumunu elde etmeye yönelik çabalara yönlendirecektir ve bu kaynakların fırsat maliyetleri de tekelin sosyal maliyetlerinden olur. Yani doğal tekelin yol açtığı sosyal maliyet sadece refah kaybını içermez, bunun yanında tekel konumunu elde etmeye yönelik çabalar sonucunda ortaya çıkan ek kayıpları da kapsar (Posner, 1974: 1-2).

Kamusal regülasyonların topluma yüklediği maliyetlerin nasıl oluştuğunu anlamamız açısından "*kaynakların yanlış yönlendirilmesi*" konusu da önemlidir. Çünkü hangi amaçla yapılırsa yapılsın regülasyonlar kaynak dağılımını bozucu etki yaratmaktadır.

1976 Nobel Ekonomi Ödülü sahibi Milton Friedman'in geliştirdiği ve *"kimin parasının kimin için harcandığı"* nı analiz ettiği matris, devletin parasını harcayan politikacı, bürokrat ve kamu görevlilerinin ve devletin malını kullanan veya bundan fayda sağlayan kimselerin titiz davranmadığını ortaya koymaktadır (Aktan, 1997: 181). Kendi çıkarlarına yönelik kamusal regülasyonlar ile bu gruplar, kaynakların kendilerine yönlendirilmesini sağlayacaklardır.

Öte yandan regülasyon sürecinde rant kollama faaliyetleri yüzünden kaynaklar israf edilmektedir. Bununla birlikte rant elde etmeye çalışan kesimin menfaatleri doğrultusunda gerçekleştirilen regülasyonlar bu gruplar dışında kalanların üzerine yüklediği maliyetler de kaynakların yanlış yönlendirilmesine neden olmaktadır (Akça, 2007: 132).

Son olarak *"ahlaki zarar (moral hazard)"*, bireylerin gerekli özeni ve dikkati göstermemesi nedeniyle ekonomik kayıp veya kayıpların artacağı ihtimalinin oluşması durumunu açıklamaktadır. Ekonomik verimliliğe aykırı olan bu durum, genellikle bir hizmet veya malın bedelini, ondan yararlanan veya onu satın alan yerine başkasının ödediği ve alıcının yaptığı söz konusu harcamaya ilişkin kontrolsüz olması durumunda ekonomiye maliyetler yükleyecektir (Şahin, 2010: 88). Çağın en büyük liberal filozoflarından kabul edilen Friedrich A. von Hayek'ten sonra klasik liberalizme katkı sağlayan isimlerden biri olan Mark Pennington da müdahaleci rejimlerin ahlaki çöküntü yaratması tehlikesine dikkat çekmiştir (Pennington, 2014: 364). Bu nedenle devletin ekonomiye müdahalesinin beraberinde ahlaki çöküntüyü ve dolayısıyla ekonomiye çok ciddi maliyetleri getirme olasılığı regülasyona karar vermeden önce mutlaka göz önünde bulundurulmalıdır.

Piyasa başarısızlıklarına en iyi çözüm olarak kamusal regülasyonları ileri sürmek, ancak, faydalarının maliyetlerinden daha fazla olduğu durumlarda geçerlidir. Rol ve fonksiyonları giderek büyüyen, dolayısıyla sınırlı devlet anlayışından uzaklaşılan bir devlet anlayışı ile piyasa başarısızlıklarına kamusal regülasyonlar ile çözüm aramak bu durumun geçerliliğini ortadan kaldıracağı gibi, arzu edilir sonuçlar da ortaya çıkarmayacaktır. Öte yandan kamusal regülasyonları savunurken devletin de başarısızlığını unutmamak gerekmektedir. Özellikle Yeni Kurumsal İktisat Okulu'nu temsil eden düşüncelerden Kamu Tercihi iktisatçılarının geliştirdiği *"devletin başarısızlığı (government failure)"* teorisi bu duruma dikkat çekmektedir.

Politik süreçte alınan karar ve uygulamaları iktisat biliminin kullandığı araç, metot ve varsayımlara dayalı olarak açıklayan bir disiplin olan ve 1986 Nobel Ekonomi Ödülü sahibi James M. Buchanan önderliğinde gelişen Kamu Tercihi, siyasal karar alma sürecinde rol alan seçmenlerin, politikacıların ve bürokratların davranışlarını ele almaktadır. Devletin başarısızlığı teorisine göre ise devletin ekonomiye yaptığı düzenleme ve müdahalelerin olumsuz sonuçları olacaktır. Bir başka ifadeyle, bu teori içerisinde devletin görev ve fonksiyonlarının aşırı büyümesi ve devleti yönetenlerin güç ve yetkilerinin sınırsız olması neticesinde, devletin kendisinden beklenenleri yerine getirmede başarısızlığa uğrayacağı belirtilmektedir (Aktan, 1997: 176). Dolayısıyla kamusal regülasyonlara neden olarak gösterilen piyasanın başarısızlığından önce devletin ne kadar başarılı olduğu sorusuna yanıt aranmalıdır.

## V.SONUÇ

Piyasa ekonomisinin kendi tabii işleyişine bırakılması halinde piyasa başarısızlıkları (market failure) kaçınılmazdır. Ortaya çıkan piyasa başarısızlıklarını ortadan kaldırmak için ve aynı zamanda piyasa ekonomisinin daha iyi sonuçlar üretmesi için iktisadi regülasyonlar gereklidir ve yararlıdır. Ancak, regülasyonların olumlu sonuçlar verebilmesi piyasa ekonomisinin işleyişini bozamayacak şekilde dizayn edilmesine bağlıdır. Bu sanıldığı kadar kolay değildir ve çoğunlukla devlet başarısızlıkları (governmental failure) rasyonel ve optimal regülasyonların oluşturulmasını ve uygulanmasını güçleştirir ve kimi zaman imkansız kılar. İdeal-rasyonel-optimal regülasyonların oluşturulabilmesi için en başta regülasyonların etkilerinin fayda ve maliyetlerinin iyi anlaşılması gerekir.

## KAYNAKLAR

Akça, Haşim, Regülasyon Ekonomisi, Adana: Nobel Kitabevi, 2007.

Aktan, Coşkun Can, "The Possibility and Impossibility Of Rational Regulation in Government", the International Journal of Economics and Finance Studies (IJEFS). Vol 8. No 1 , 2016a.

Aktan, Coşkun Can, "Regulatory Public Policies : An Introductory Survey", the International Journal of Economics and Finance Studies (IJEFS), Vol 8. No 2 , 2016b.

Aktan, Coşkun Can, *"Regulation and Control vs. Deregulation and Decontrol"*, Dokuz Eylül Üniversitesi, İktisadi ve İdari Bilimler Fakültesi Dergisi, Dergisi, Cilt:8, Sayı:2, 1993.

Aktan, Coşkun Can, Anayasal İktisat, İstanbul: İz Yayınları, 1997.

Aktan, Coşkun Can, Kamu Ekonomisi ve Kamu Maliyesi, İzmir: Anadolu Matbaacılık, 2001.

Aktan, Coşkun Can, *"Görünmez Ayak" ve Milletlerin İsrafı: Rant Kollama,* içinde: Coşkun Can Aktan (ed.), Yasal Soygun: Çıkar Grupları ve Rant Kollama, İstanbul: Zaman Kitap, 2003, ss. 15-34.

Aktan, Coşkun Can, & Hakan Ay & Hilmi Çoban, *"Siyasal Karar Alma Sürecinde Çıkar Grupları"*, içinde: Coşkun Can Aktan & Dilek Dileyici, Modern Politik İktisat Kamu Tercihi, Ankara: Seçkin Yayıncılık, 2007, ss. 201-241.

Aktan, Coşkun Can & Yusuf Tuğrul Karaaslan, *"Regülasyon Ekonomisi ve Kamusal Regülasyon Teorisi"*, içinde: Coşkun Can Aktan & Dilek Dileyici, Kamu Ekonomisi, İzmir: Birleşik Mat., 2009, ss. 79-100.

Ardıyok, Şahin, Doğal Tekeller ve Düzenleyici Kurumlar, Türkiye için Düzenleyici Kurum Modeli, Ankara: Rekabet Kurumu, 2002.

Barry, Norman Patrick, Modern Siyaset Teorisi, (Çev. Mustafa Erdoğan & Yusuf Şahin), Ankara: Liberte Yayınları, 2012.

Brown, Charles Victor & Peter Mcleod Jackson, Public Sector Economics, Oxford: Blackwell, 1994.

Carlton, Dennis & Jeffrey M. Perloff, Modern Industrial Organization, New York: Addison Wesley, 2000.

Çevik, Savaş & Murat Demir, *Devletin Düzenleyici Rolü ve Regülasyon Teorileri,* Öneri, Sayı: 23, Ocak, 2005, ss. 249-257.

Erol, Mesut, Doğal Tekellerin Düzenlenmesi ve Telekomünikasyon Sektöründe Düzenleyici Kurum, Uzmanlık Tezi, Yayın No: DPT: 2680, Ankara: Devlet Planlama Teşkilatı, 2003.

Hantke-Domas, Michael, *"The Public Interest Theory of Regulation: Non Existence or Misinterpretation?",* European Journal of Law and Economics", Vol: 15, 2003, pp. 165-194.

Hertog, Johan Den, *"General Theories of Regulation",* 1999, http://encyclo.findlaw.com/5000book.pdf, 30.11.2016, (Hertog, Johan Den, *"General Theories of Regulation."* in: Boudewijn Bouckaert & Gerrit de Geest (eds.), Encyclopedia of Law and Economics, Volume III. The Regulation of Contracts, Cheltenham, UK: Edward Elgar, 1999, pp. 223-270).

Joskow Paul Lewis & and Nancy Lin Rose, *"The Effects of Economic Regulation",* in: Richard Schmalensee and Robert D. Willig (eds.), Handbook of Industrial Organization, Volume II, Elsevier Science Publishers B.V., 1989, pp. 1449-1506.

Kasper, Wolfgang & Manfred E. Streit, *"Kurumsal İktisat",* (Çev. Bernur Açıkgöz), içinde: Coşkun Can Aktan (ed.), Anayasal İktisat, Ankara: Siyasal Kitabevi, 2002, ss. 634-644.

North, Douglas Cecil, Kurumlar, Kurumsal Değişim ve Ekonomik Performans, (Çev. Gül Çağalı Güven), İstanbul: Sabancı Üni. Yay., 2010.

Oğuz, Fuat, Devlet ve Piyasa: Regülasyon Ekonomisine Giriş, Ankara: Seçkin Yayıncılık, 2011.

Oğuz, Fuat & Orhan Çakmak, *"Küreselleşen Bir Dünyada Regülasyon"*, Liberal Düşünce, Yıl:7, Sayı: 25/26, 2002, ss. 143-154.

Pennington, Mark, Sağlam Politik Ekonomi, Klasik Liberalizm ve Kamu Politikasının Geleceği, (Çev. Atilla Yayla), Ank., Liberte Yay., 2014.

Polanyi, Karl, The Great Transformation, The Political and Economic Origins of Our Time, Boston: Beacon Press, 2001.

Posner, Allen Richard, *"The Social Costs of Monopoly and Regulation"*, NBER Working Paper Series No: 55, New York, 1974.

Rubin, Paul Harold, *"Patolojik Altruizm ve Patolojik Regülasyon"*, (Çev. Atilla Yayla), Liberal Düşünce, Yıl: 19, Sayı: 76, 2014, ss. 167-179.

Sağlam, Dündar, *"Rant Arayışı"*, içinde: Coşkun Can Aktan (ed.), Yasal Soygun: Çıkar Grupları ve Rant Kollama, İstanbul: Zaman Kitap, 2003, ss. 35-43.

Shleifer, Andrei, *"Understanding Regulation"*, European Financial Management, Vol: 11, No: 4, 2005, pp. 439-451.

Smith, Adam, The Theory of Moral Sentiments, Dover Philosophical Classics, Mineola, New York: Dover Publications, Inc., 2006, (Originally Published: London: A. Millar, 1790).

Stigler, George, *"The Theory of Economic Regulation"*, Bell Journal of Economics and Management Science, Vol: 2, 1971, pp. 3-21.

Şahin, Cenk, Amerikan Federal İdare Hukukunda "Regülasyon" (Ve Türk İdare Hukukuna Yansımaları), İst.: On İki Levha Yay. A. Ş., 2010.

Tollison, Robert D., *"Rent Seeking: A Survey"*, Kyklos, Vol: 35, 1982, pp. 575-602.

Tullock, Gordon, *"The Welfare Costs of Tariffs, Monopolies, and Theft"*, Western Economic Journal, Vol: 5, No: 3, June, 1967, pp. 224-232.

Uzun, Ahmet, *"Yeni İktisat Tarihi Akımı ve İktisat Tarihi Yazımına Katkıları*", Cumhuriyet Üniversitesi, İktisadi ve İdari Bilimler Fakültesi Dergisi, Cilt: 2, Sayı: 1, 2001, ss. 80-93.

Yay, Serdar, *"Tarihsel Süreçte Türkiye'de Sosyal Devlet"*, 21.Yüzyılda Eğitim ve Toplum Dergisi, Cilt: 3, Sayı: 9, ss.147-161.

# REKABETİN KORUNMASI ve DESTEKLENMESİ: REKABET POLİTİKASI[1]

Coşkun Can Aktan
İstiklal Yaşar Vural

## I. GİRİŞ

Rekabet politikası globalleşme ve teknolojik gelişmeler sonucunda artan global rekabet ortamında kamunun piyasa ekonomisine müdahalede bulunmasını temin için bir gerekçe veya piyasa aksaklıklarının düzeltilmesininde bir araç olarak, özellikle gelişmiş ülkelerde, gittikçe önem kazanan ve uygulanması yaygınlaşan bir araçtır. Rekabet politikası sadece rekabeti bozan piyasa kaynaklı zarar verici eylemleri engelleyen ve rekabet ortamının sürdürülmesini sağlayan bir araç değildir; bunun yanı sıra ekonomiyi gelişen koşullara yeniden uyarlama ve firma ve ulusal ekonominin rekabet güçlerini teşvik etmeyi sağlama yollarından biridir. Rekabet politikası rekabet hukukunun uygulanmasını ve rekabetin desteklenmesini içerir.

---

[1] Bu çalışma daha önce şu dergi içerisinde yayınlanmıştır: Coşkun Can Aktan ve İstiklal Yaşar Vural, Rekabetin Korunması ve Desteklenmesi: Rekabet Politikası, Ankara Barosu ve Fikri Mülkiyet ve Rekabet Hukuku Dergisi, Cilt 4, sayı 4, 2004.

## II. REKABET POLİTİKASININ AMACI

Rekabet politikası, piyasa sisteminin işleyişine, yani rekabete işlerlik ve geçerlilik kazandırmak, tüketicileri rekabeti bozucu uygulama, oluşum ve politikalara karşı korumak ve verimliliği artırmak yoluyla tüketici refahını ve ulusal firmaların yabancı rakiplerine kıyasla rekabet güçlerini azamileştirmek için devletin aldığı her türlü önlem olarak tanımlanabilir (Bannock, Baxter ve Davis, 1992:80). Dolayısıyla rekabet politikasının amacı, bir yandan rekabeti artırmak ve ekonomik etkinliği azamileştirmek; öte yandan, piyasa ekonomisinin fonksiyonel işlerliğini sağlamaktır (Erkan, 1987:174). Bu politika, öncelikle enerji, posta, telekomünikasyon ve demiryolu gibi doğal tekel niteliğinde olan ve bu nedenle özel kesimin sermaye, bilgi, tecrübe ve teknolojik donanım yetersizliği nedeniyle üretimde bulunamadığı veya tekelleşme eğiliminin yüksek olduğu endüstrilerde rekabeti sağlayacak ve tüketicileri koruyacak düzenlemelerde bulunmayı içerir. Daha önceleri devlet tarafından sunuldukları halde özelleştirmeler sonucu özel kesimin faaliyetlerine açılan ya da korumacılık uygulamalarının gevşetilmesi veya ortadan kaldırılması sonucu dış rekabete açılan endüstriler, rekabet politikası amaçları doğrultusunda çeşitli düzenlemelere tabi tutulabilir.

Teknolojik ilerlemeler ve iktisadi gelişme sonucunda doğal tekel niteliğinde olan endüstriler değişmekte ve bu özelliklerini yavaş yavaş kaybetmektedirler. Mesela, günümüzde mobil telefon, sabit telefon hatları ve işletmeciliğine ciddi bir rakip haline gelmiştir. Ancak, gelişen teknoloji, modern iletişim ve ağlara dayalı endüstriyel yapı firmaların bağlantı kurabilmesi ve temel hizmetlere ve önemli müşteri gruplarına erişimleri açısından yeni sorunlar ortaya koymaktadır. Birbiriyle kıyasıya rekabet eden çok sayıda firma söz konusudur ve piyasada yerleşik olarak faaliyet gösteren büyük firmaların rakip firmaların kendi ağlarına girmeleri ve mevcut ve potansiyel müşterileriyle temas kurmalarına izin vermeleri için geçerli bir sebep ya da en azından çıkarları yoktur.

Rekabet politikasının başlıca fonksiyonlarını şu şekilde özetleyebiliriz. İlk olarak, rekabetin ortadan kalkması veya serbest piyasa düzeninden sapmaların olması durumunda tüketicilerin refahında azalma meydana geleceği ve risk almayı seven, saldırgan stratejiler uygulayan, esnek ve yeniliklere açık yeni ve küçük firmaların piyasaya girmelerini ve böylece orta ve uzun vadede ekonominin bir bütün olarak rekabet gücünün artmasını sağlayacak firmaların piyasaya girişi engelleneceği için piyasada rekabet koşullarına işlerlik kazandırılmasında kamu yararı söz konusudur ve bu nedenle rekabet politikası uygulamalarına başvurulabilir.

Rekabet politikası, ikinci olarak rekabeti azaltan firmalar-arası anlaşmaların engellenmesine yönelik önlemleri kapsar. Tüketicilerin refah kaybına yol açan kartel veya benzeri anlaşmaların engellenmesi bu politikanın temel unsurlarından biridir.

Rekabet politikası üçüncü olarak, hakim piyasa pozisyonunun kötüye kullanılmasının engellenmesine çalışır. Piyasada hakim bir pozisyon elde eden firmalar çeşitli stratejiler uygulayarak bu pozisyonlarını kötüye kullanmak isteyebilirler. Örneğin, rakiplerinin pazar payını azaltmak veya piyasa dışına itmek için fiyatları aşırı ölçüde düşürebilirler, rakiplerinin ihtiyaç duyduğu girdileri sunmayı reddedebilirler ya da tüketicileri paket halinde mal ya da hizmet almaya zorlayarak tüketici refahını azaltabilirler. Ancak, haksız rekabete yol açmayan nedenlerle yani üstün performans, yenilik ve icatlarda bulunma, üstün stratejiler takip etmek ve verimliliği artırmak gibi yollarla piyasada güçlü bir konuma sahip olan veya piyasa payını artıran firmalara karşı rekabet politikası ile tedbir alınması gerekmez. Zira bu şekildeki üstünlükler meşru ve yasal niteliktedir.

Rekabet politikası son olarak, şirket satın alma ve birleşmeleri yoluyla piyasada tekelleşmenin meydana gelmesini engellemeye çalışır. Şirket satın alma ve birleşmeleri ölçek ekonomilerine yol açmak suretiyle iktisadi verimlilik ve etkinliği artırabilir. Bu tip uygulamalar birbirine zıt iki önemli sonuç meydana getirdiği için rekabet politikası yoluyla piyasadaki tekelleşmenin önlenmesi ile birleşme ve satın almaların ortaya çıkardığı uluslararası rekabet gücü avantajından yararlanma arasında bir değiş-tokuşun meydana gelmesi kaçınılmazdır. Bu nedenle rekabet politikası birleşme ve satın alma meydana gelmeden tekelleşme ihtimalini bertaraf edecek tedbirlerin alınmasını ve bu işlemler gerçekleştikten sonra tekelleşmenin meydana gelmemesi için kontrol sistemlerinin devreye sokulmasını gerektirir.

Rekabet üretici ve tüketicilerin refahını artıran bir unsurdur. Ancak fiyat dışı rekabetin yoğunluğu ve önemi rekabet sonucunda ulaşılan refahın da çok boyutlu olmasını gerektirmektedir. Kalite, hız, yeni ürün ve süreçlerin devreye girmesi, yeni hizmet yöntemlerinin ortaya çıkması rekabetin toplam refaha ilave katkılarını oluşturur. Bu unsurların pek çoğu ölçülemez nitelikte olması ve değer yargılarını bünyesinde barındırması nedeniyle, rekabet hukuku ve politikasının ulaşmak istediği amacın belirlenmesinde etkinliğin iyi bir şekilde tanımlanması gereklidir.

Bu noktada AB'nin esinlendiği üç ilke önemlidir (Stenborg, 2002:50): (1) Rekabet kuralları rekabet edenleri korumak için değil etkinliği artıracak rekabet sürecini gerçekleştirmek için formüle edilmelidir. (2) Rekabet sürecinde ortaya çıkabilecek engeller kaldırılarak gerçekleştirilmesi pratikte çok zor olan tam rekabet yerine pratikte gerçekleşebilir bir rekabet, yani firmaların diğer firmaların stratejilerinden emin olmadıkları ve bu nedenle belirsizlik içinde hareket ettikleri rekabet süreci olan pratik (uygulanabilir) rekabet amaçlanmalıdır. Bu tercih kaynakların mobilitesini artırır, üretici ve tüketicilere alternatif tercihler sunar ve üretim ve dağıtım süreçlerinde en iyi ekonomik uygulamaların kullanılabilmesine olanak sağlar. (3) Rekabet politikası ekonomik etkinliğin yanı sıra tek pazarın gerçekleştirilmesinde bir araç olarak kullanılabilir.

Rekabet politikasının rolü Medalla (2002)'yı takip ederek başka bir bakış açısıyla ele alınabilir. Gerçek hayatta tam rekabet modelinin bir çok endüstride gerçekleşmesinin olanaksızlığı nedeniyle rekabet politikasının amacı tam rekabeti gerçekleştirmek yerine etkin rekabeti gerçekleştirmek olmalıdır. Bu açıdan rekabet politikasının iki temel amacı olabilir: (1) Herhangi bir işletmenin istismar edebileceği büyüklük ve koşullarda bir piyasa gücüne sahip olmamasını sağlamak ve (2) rekabet sürecinin etkin bir şekilde işlemesini ve rekabetin, kendisinden beklenen olumlu fonksiyonların yerine getirebilmesini sağlayacak piyasa başarısızlıklarını asgariye indirebilme yeteneğine sahip rekabet kurallarını oluşturup uygulamak. Rekabet politikası, potansiyel/yeni firmaların piyasaya girişi önündeki doğal olmayan engelleri ortadan kaldırmak suretiyle piyasaları daha fazla yarışılabilir bir hale getiren bir enstrümandır. Firmaların rakipleri karşısında haksız rekabet oluşturarak mevcut koşullardan ve sahip oldukları olanaklardan daha fazla yararlanmalarına yol açan ticari kısıtlama ve engeller söz konusu ise bu engelleri ortadan kaldırmak ve firmaların hakim durumlarını istismar etmelerini önlemek yoluyla onları disipline etmek de rekabet politikasının bir diğer rolüdür. Nihayet, rekabet politikası, piyasada yer alan bazı yapısal sorunlar nedeniyle bazı firmaların sahip oldukları gücü istismar etmeleri söz konusu ise rekabeti bozan firma davranışlarını cezalandıracak ve piyasaya yön verecek rekabet kurallarını oluşturmak suretiyle rekabetten elde edilecek azami yararın açığa çıkmasına imkan sağlar.

Rekabet politikası uygulanırken izlenecek yol şekil yardımıyla açıklanabilir (Medalla, 2002:8). (Şekil-1.) Öncelikle, piyasada potansiyel olarak rekabeti bozucu ölçüde piyasa gücüne sahip firma ya da firma gruplarının var olup olmadığı belirlenir. Eğer önemli düzeyde piyasa gücüne sahip oluşumlar söz konusu ise bunların sahip oldukları bu gücü nasıl kullandıkları tespit edilmelidir. Kamu kesimince uygulanan politikalar (korumacı politikalar, bazen dış ticaret politikasının bizzat kendisi) ulusal ve bazen yerleşik firmalara rakiplerine kıyasla ilave avantajlar sağlayabilir. Ancak kamusal politikaların dışında da firmalara yüksek bir piyasa gücü ve dolayısıyla rekabeti kendi lehlerine bozmak için ek üstünlükler sağlayan başka nedenler de söz konusu olabilir. Bu nedenle firmaların yüksek piyasa gücüne sahip olmalarına neden olan faktörlerin bilinmesi önem taşır. Piyasaya girmek isteyen potansiyel rakiplerin önündeki engellerin kaynağı nedir? Piyasaya giriş engellerini yerleşik firmalar mı oluşturuyor, yoksa yapısal faktörler mi mevcuttur? Bu sorulara verilecek doğru cevaplar rekabet politikasının başarısı açısından kritik bir öneme sahiptir. Gerçekten de mevcut firmalar piyasa güçlerini diğer firmaların piyasaya girmesini engellemek için kullanabilirler (dışlayıcı istismar) ya da rekabet sürecinin doğal bir sonucu olarak verimlilik ve etkinliklerini artırmak yoluyla rakiplerine onların piyasaya girmelerini engelleyebilecek düzeyde bir üstünlük kurabilirler. Verimlilik artışı yoluyla meydana gelen engeller rekabet politikası açısından bir sorun teşkil etmese de piyasa gücünün diğer firmaları piyasadan dışlayacak şekilde kötüye kullanılması rekabet politikası ile engellenmesi gereken bir firma davranışıdır.

Öte yandan, piyasanın yapısından kaynaklanan rekabeti kısıtlayan bazı piyasa başarısızlıkları ve katılıkları söz konusu olabilir.

Bu tip yapısal giriş engelleri arasında kapsam ekonomileri, sinerji (firmaların yakın işbirliği içinde birlikte çalışmaları) ve işlem maliyetlerine dayalı ekonomiler sayılabilir. Yapısal giriş engelleri verimlilik artışına yol açtıkları sürece müdahale gerektirmeyebilecek engellerdir. Ancak yapısal nitelik taşısa da firmaların rekabeti bozucu ve piyasaların etkin çalışmasını engelleyen her türlü davranışlar (davranışsal piyasa engelleri) rekabet hukuku yoluyla cezalandırılmayı gerektirir. Keza, etkinliği ve verimliliği azaltan, piyasanın işleyebilirliğini ortadan kaldıran bilgi eksikliği ve diğer piyasa başarısızlıklarının izalesinde kamusal müdahaleler ve regülasyonlar önemli görevler üstlenebilir. Bu noktada rekabeti sağlamlaştırmayı ve işler hale getirmeyi amaçlasalar da kamu kaynaklı müdahalelerin (regülasyon ve kontrollerin) gerekliliği ve doğru uygulanıp uygulanmadığı son derece önemlidir. Eğer kamusal politikalar ve regülasyonlar gerekli değilse ve doğru bir biçimde uygulanmıyorsa piyasanın daha etkin bir şekilde çalışmasını sağlayacak reformlara ihtiyaç duyulacaktır.

Şekil 1. Rekabet Politikasının Rolü

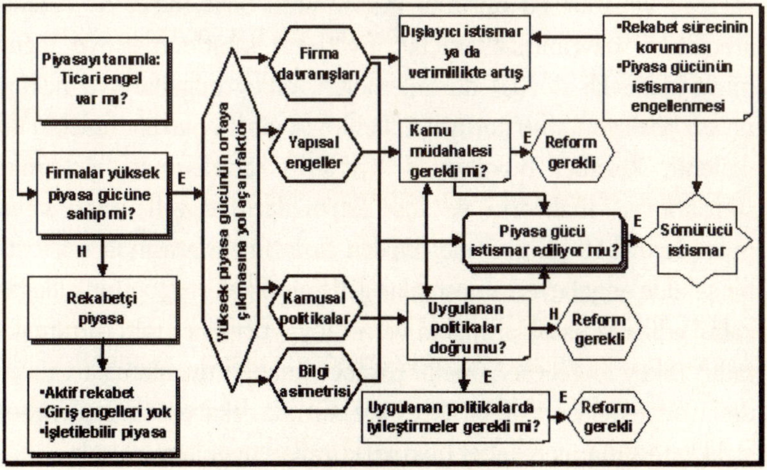


Kaynak: Medalle, 2002:8.

## III. REKABET POLİTİKASININ UYGULANMASI

Önceki Açıklamalarımızda belirttiğimiz üzere rekabet politikası, piyasanın etkin bir şekilde işlemesini engelleyen, ekonomik zarar veya sapmalara yol açan ya da firmaların ve/veya ulusal ekonominin performansını zayıflatan eylem ve durumları önlemeyi amaçlar. Rekabet politikası, rakipler arasında meydana gelen anlaşmalar veya rakiplerine çeşitli araç ve yöntemlerle üstünlük sağlayarak rakipleri piyasa dışına itmek gibi rekabeti engelleyici şekilde davranan firmaları caydırır. Firmaların kartelleşme ve dikey engeller oluşturmaları gibi rekabeti bozucu faaliyetlerinin piyasa mekanizmaları ile düzeltilmesine genelde olanak yoktur. Bu gibi durumlarda rekabet politikasının uygulanması rekabeti teşvik etmek ve piyasanın etkinliğini artırmak için etkin bir araç olarak kullanılabilir.

Rekabet politikası ve rekabet hukuku yapısal veya davranışsal olarak nitelenen bir dizi aracı içerir (Kim ve Philips, 2003: 7). Yapısal araçlar, rekabeti önemli ölçüde azaltan veya hakim pozisyon yaratan veyahut bu durumu güçlendiren birleşmeler ile alakalı araçlardır. Davranışsal araçlar, fiyatların sabitlenmesi ve diğer hileli (danışıklı dövüş) düzenlemeleri, dikey engelleri ve hakim piyasa pozisyonunun kötüye kullanılması gibi firma davranışları ile ilgilenir. Rekabet hukukunda fiyatların sabitlenmesi, üretimin sınırlanması, ihalelerin ve açık artırmaların engellenmesi veya piyasaların bölüşülmesi gibi birden fazla firma arasında rekabeti bir şekilde engelleyen anlaşmalar gelişmiş ülkelerin çoğunda illegal kabul edilerek yasaklanmakta ve cezai yaptırımlara tabi tutulmaktadır. Dikey engellere yönelik rekabet hukuku uygulamaları ülkeden ülkeye değişmekle birlikte olay bazında rekabetin engellenmesi dikkate alınarak rekabet hukuku kuralları uygulanmaktadır.

Globalleşme sonucu ulusal firmaların kendi iç pazarlarında bile yabancı firmaların şiddetli rekabetine maruz kalmaları, firmaların birleşme ve satın alma yoluyla rekabet güçlerini artırma çabası içine girmelerine yol açmaktadır. Bu çabalar rekabeti bozucu yapısal sorunların (kartelleşme, şirket birleşmeleri) ortaya çıkmasına neden olmaktadır. Gelişmiş ülkelerde genelde kartelleşme veya hakim pozisyonun varlığı tek başına illegal kabul edilmez. Örneğin, AB'nde tüketicilerin refahını artıran, malların üretimi veya dağıtımının geliştirilmesine veya teknik ve teknolojik ilerleme ve yeniliklere katkı sağlayan bu tip uygulamalar yasaklanmaz iken, anlaşma olsun ya da olmasın piyasada sahip olduğu hakim pozisyonu kötüye kullanmak suretiyle rekabeti sınırlandıran her türlü uygulama yasaklanmıştır. Keza işletmeler arası rekabeti sınırlama amacı taşımayan ve mal fiyatlarını düşürmek, kaliteyi artırmak ve üretim ve dağıtım şartlarını düzeltmek suretiyle ekonominin tümü açısından yararlı işbirlikleri (kartel, birleşmeler v.b.) kartelleşmeyi önleyen rekabet hukuku kurallarından istisna edilmektedir. Şirket birleşmeleri rekabeti sınırlama potansiyeline sahip olsalar da verimlilikte artışa yol açtıkları sürece rekabet hukuku uygulamaları dışında kalabilirler.

## IV. REKABETİN DESTEKLENMESİ

Rekabet, firma davranışları ve piyasada meydana gelen çeşitli oluşumlar yoluyla engellenebileceği gibi kamu kesiminin uyguladığı çeşitli politikalardan ve müdahalelerden de olumsuz yönde etkilenebilir. Günümüzde stratejik ticaret politikaları ile ulusal firmaların yabancı ülkelerdeki faaliyetleri ve rekabet güçleri bir çok devlet tarafından desteklenmektedir. Kamu kesimi, rekabetin korunması için yurtiçi piyasada piyasaya giriş ve çıkışların önündeki engelleri optimal düzeye çekmek, piyasanın etkinliğini artıran deregülasyon faaliyetlerine girişmek, iç piyasadaki rekabeti en iyi duruma yükseltecek ölçüde ticarette serbestleşmeye izin vermek ve piyasaya yönelik gereksiz müdahaleleri asgariye indirmek yoluyla rekabeti destekleyebilir.

Rekabetin desteklenmesi, *"rekabet otoritesinin diğer kamu kurumları ile sürdürdüğü ilişkiler yoluyla ve rekabetin yararları konusunda kamuoyunu bilinçli hale getirerek, yani rekabet hukukunun uygulanması dışındaki araçlar kullanılarak iktisadi faaliyetlerin daha rekabetçi bir ortamda gerçekleşmesini teşvik eden tüm faaliyetleri"* içerir (ICN, 2002:25). Rekabetin desteklenmesi rekabet hukukunun uygulanmasının dışında kalan faaliyetleri içerir. Bu faaliyetler diğer kamu kurumları tarafından gerçekleştirilen uygulama, düzenleme ve politikaların rekabeti artırıcı bir şekilde uygulanmasını ve ekonomik birimlerin, kamu kurumlarının ve halkın rekabetin yararları ve rekabetin korunmasında rekabet politikasının taşıdığı önem konusunda aydınlatılmasını sağlamak ile alakalıdır (Şekil 2.).

Rekabetçi piyasa ekonomisi fiyatları marjinal maliyete yakın bir seviyeye indirerek tüketici refahını artırır; kaynakların ekonomide en optimal bir şekilde tahsis edilmesini sağlayarak toplumsal refahı yükseltir; teknolojik yenilikleri teşvik eder, ürün kalitesini artırır, ürün çeşidini artırır, ürünlerde farklılaşmaya yol açar ve verimlilikte önemli ilerlemeler meydana getirir. Ancak bazı faktörler rekabetçi piyasa mekanizmasının kapsamını daraltıcı yönde bir etki oluşturabilirler. Bu unsurların bir kısmı kurumsal niteliktedir (piyasalar düzgün çalışmak için güçlü kurumlara ihtiyaç duyar); diğerleri ise asimetrik bilgi, dışsallıklar, piyasa gücünün belirli ellerde yoğunlaşması gibi piyasa aksaklıklarıdır. Kamu müdahalesi ve regülasyonlar piyasa aksaklıklarını ortadan kaldırmayı ve rekabet ortamının tesisini amaçlar. Ölçek ekonomileri, dışsallıklar ve diğer piyasa başarısızlıklarının rekabeti işlevsiz bırakması durumunda regülasyonlar son derece gereklidir; ancak, mevcut piyasa aksaklıklarının çok fazla soruna yol açmadığı durumlarda doğru olan hareket piyasa aksaklıkları ile yaşamak mıdır, yoksa kendi aksaklıklarını beraberinde getirecek düzenlemeleri benimsemek midir? Teknolojik gelişmeler ölçek ekonomilerini zayıflattığı sürece rekabetin uygulanabilirliği artmaktadır. Öte yandan regülasyonlar bir defa yürürlüğe konduğu zaman onları devre dışı bırakmak uzun yıllar almakta ve zor olmaktadır. Keza regülasyonlarla ilgili politik süreç zaman alıcı ve yavaş işlemektedir. Bu durum ise rekabetin desteklenmesinin önemini artırmaktadır.

Şekil 2. Rekabet Politikası:
Rekabet Hukukunun Uygulanması ve Rekabetin Desteklenmesi

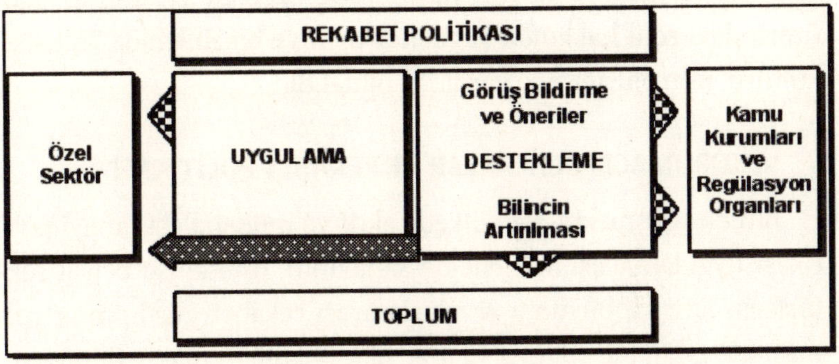


Kaynak: ICN, 2002, s.26.

Rekabet sadece özel kesime ait rekabet karşıtı uygulamalar (rakipler arasında işbirliği, rekabet karşıtı birleşmeler, yatay ve dikey engeller, hakim pozisyonun kötüye kullanılması v.b.) sonucu zayıflamaz; bunun yanı sıra kamusal müdahaleler ve düzenlemeler de rekabeti bozucu etkiler meydana getirebilir (ICN, 2002:30-31). Düzenleyici kamusal müdahaleler ölçek ekonomileri, dışsallıklar ve diğer piyasa başarısızlıklarının mevcut olduğu sektörlere yönelir, ancak gerekli olandan daha yoğun şiddette uygulandıklarında bu sektörlerde rekabeti engelleyici bir işleve sahip olabilirler. Rekabet hukukunun yürürlükte olduğu ülkelerde özel kesimin rekabet karşıtı eylemlerinin önlenmesi mümkündür; ancak, yasal niteliğe sahip olan düzenleyici nitelikteki kamusal müdahalelerin önlenmesi zordur. Rekabet otoritesinin, kamu kurumları ve yasama organının düzenleyici faaliyetlerini mümkün olduğunca rekabeti teşvik edecek tarzda gerçekleştirmelerine yardımcı olması ve gereksiz yere rekabet karşıtı özellikler barındıran müdahaleleri düzenleyici organlarla işbirliği yaparak engellemesi gereklidir. Bu anlamda rekabetin desteklenmesine yönelik çalışmalar tamamen iknaya dayalı ve koordinasyonu gerektiren çabalardır. Öte yandan rekabet otoritesi, yargı sistemi, diğer kamu kurumları, ekonomik birimler ve halkı rekabetin yararları ve özellikle refahın artması üzerindeki rolü hakkında bilgilendirmeli ve bir anlamda "rekabet kültürü"nün oluşmasına yardımcı olmalıdır.

## V. KORUMACI POLİTİKALAR VE REKABET POLİTİKASI

Birçok gelişmekte olan ülkede aktif ve müdahaleci sanayi politikası uygulamalarının, genelde sanayinin, özelde ise belirli sektörlerin iktisadi büyüme ve uluslararası rekabet gücünün artırılmasında etkin bir politika ve araç olarak kullanılması eğilimi yaygındır. Bu türden korumacı ve müdahaleci politikalar iki grup altında değerlendirilebilir: B*ebek endüstri tezi* ve *stratejik ticaret teorisi* (STT). (Vural,1999.)

### 1. Bebek Endüstri Tezi

Bebek endüstri tezi, iktisadi kalkınma ve ulusal firmaların yabancılara kıyasla rekabet güçlerini artırmak amacıyla devletin dış ticarete müdahale etmesi gerektiğini varsayar. Bu tez, ölçek ekonomileri, tecrübe, bilgi birikimi ve teknolojik üstünlük gibi nedenlerle rakiplerine karşı dezavantajlı konumda olan bir endüstrinin, ileride gelişip karşılaştırmalı üstünlüğe sahip olmasını sağlayacak optimum büyüklüğe veya optimum üretim düzeyine ulaşıncaya kadar, dış rekabete karşı korunmasını öngörür. Bebek endüstri argümanı yurtiçinde bazı sapmaların ortaya çıkmasına neden olabilir. Bu sapmalar nedeniyle özel sektör yeni endüstri dallarına yeterli yatırım yapmaktan kaçınabilir; dışsallıkların olması durumunda özel sektörün kazancı sosyal faydadan daha az olabilir veya sermaye piyasasının gelişmemesi nedeniyle yeni endüstrilere yapılan yatırımların maliyeti çok fazla olabilir.

Bebek endüstri tezinde, endüstrinin gelişmesinin her safhasında, genellikle dışsal ekonomileri kapsayan bir öğrenme sürecinin olduğu varsayılır. Yeni endüstriler bu öğrenme süreci sayesinde, olumlu dışsal ekonomilerden ve optimum üretim hacmine yaklaştıkça pozitif içsel ekonomilerden faydalanarak, yabancı firmalarla rekabet edecek düzeye ulaşırlar. Bu nedenle, bebek endüstri görüşü temelde serbest ticareti reddetmez. Koruma ve kamu müdahalesi öğrenme ve optimum üretim hacmine ulaşma süreci ile sınırlıdır. Eğer bir ülke karşılaştırmalı dezavantaja sahip olduğu malları yaparak öğrenme süreci sonucunda rekabet edebilecek bir şekilde üretmeyi öğrenirse, uzun vadede, bu mallarda uzmanlaşarak ve öğrenme sürecinin maliyetleri azaltmasıyla göreceli bir üstünlük geliştirerek kazanç sağlayabilir (Lipsey, Steiner ve Purvis, 1987:792). Bunun yanısıra, yeni endüstri geliştikçe teknik bilgi alışverişinin hızlanması, nitelikli işgücünün sağlanması ve altyapının gelişmesi gibi pozitif dışsal ekonomilerden kaynaklanan avantajlar ortaya çıkar.

Geçmişteki bir çok uygulamada geçici bir korumadan sonra rekabetçi duruma geçen endüstriler bulunmaktadır. Ancak, bu tip korumacı uygulamaların ekonomiye önemli maliyetler yüklemesi de kaçınılmazdır. Bu olumsuzlukların ortadan kaldırılabilmesi için gelecekteki verim artışını maksimize edecek endüstri dalının seçilmesi ve korumanın sağladığı rekabet edebilme imkanından yoksun kalacakları için bebek endüstriler korunurken seçilen üretim tekniği ile en düşük maliyet sağlanıncaya kadar o endüstri dalının hep aynı oranda korunmasına dikkat edilmesi gereklidir. Uygulamaya bakıldığında, korunacak endüstrilerin yanlış seçilmesi sonucunda, koruma sürecinin yeterince uzun olmasına rağmen maliyetlerini dünya düzeyine indiremediği için rekabet edemeyen ve bu nedenle sürekli koruma talep eden endüstrilere rastlanmaktadır. İthal ikameci politikalar çerçevesinde bebek endüstrileri koruyan bir politika takip eden GOÜ'lerde ampirik incelemeler bu tip bir korumacı uygulamanın istenilen neticeleri vermediğini göstermektedir (Meier, 1987:28-30). Nitekim Krueger ve Tuncer'e göre, Türkiye'de korumacı politikalarla desteklenen endüstriler daha az korunan endüstrilere göre maliyetlerini düşürmede başarısızdırlar ve korumanın olmadığı bir durumda bile bu endüstriler aynı ölçüde gelişebilirler (Krueger ve Tuncer, 1982). Gelişmekte olan diğer ülkelerde yapılan bir araştırmada ise uluslararası rekabete konu olan endüstri dallarında çok az ülkenin üretim miktarını yeterince artırabildikleri tespit edilmiştir (Bell, Ross-Larson ve Westphal, 1984:114). Bu nedenlerle, bebek endüstri tezi geçmiş uygulamalarda bazı endüstri kollarının başarılı bir biçimde gelişmesine ve rekabete açık bir hale gelmesine yol açan bir argümanmış gibi gözükse de korumanın yararlı olup olmayacağı ülkeden ülkeye ve uygulanan politikanın başarısına göre değişmektedir.

Yeni kurulan veya uluslararası alanda gelişmesi umulan endüstrilerin korumacı politikalarla desteklenmesi konusunda dikkate alınması gereken bazı çekinceler bulunmaktadır (Yarbrough ve Yarbrough, 1994:264-65): Öncelikle, dünya piyasalarında başarılı bir şekilde rekabet edebilecek ve gelecekte başarılı olabilecek sektörlerin doğru bir şekilde tespit edilmesi son derece zordur ve ayrıca bu tespit işlemini kamu sektörünün özel sektörden daha iyi yerine getireceği varsayılarak kamunun bu anlamda piyasaya müdahalesine olanak tanınmaktadır; geliştirilmesi düşünülen bebek endüstrilere harcanan kaynaklar daha fazla başarılı olma ihtimali olan diğer sektörler için de tahsis edilebileceğinden bebek endüstrilerin korunması ile ilgili uygulamaların rasyonel uygulamalar olduğunda kuşkular vardır; koşulların değişmesiyle birlikte korunmakta olan endüstri uluslararası alanda başarılı bir şekilde rekabet edecek hale gelse bile koruma nedeniyle ülkedeki tüketicilerin ve yabancı üreticilerin kaybına karşı kazanç elde eden üreticilerin lobicilik faaliyetleri sonucunda, bebek endüstri argümanı geçici korumayı öngörmesine rağmen, bir defa oluşturulan korumayı yürürlükten kaldırmak güçtür; ve son olarak, bu argüman ile oluşturulan korumacı politikaların problemi çözmek için en iyi yol olduğu konusu da tartışmaya açıktır.

## 2. Stratejik Ticaret Teorisi

Stratejik Ticaret Teorisi, uluslararası ticarette globalleşen endüstri ve şirketlerin temelde oligopol bir yapı meydana getirdikleri ve şirketlerin arasında kar maksimizasyonunu sağlamak için stratejik bir ilişkinin olduğu varsayımları altında, yabancı hükümetler misillemeye başvurmazlar ise, ihracat sübvansiyonları ve tarifeler gibi ticaret politikası araçlarıyla yapılacak bir kamu müdahalesi ile uluslararası ticarette ortaya çıkan oligopol karının yabancı firmalardan yerli firmalara aktarılabileceğini ve böylece ülkenin kazançlı çıkabileceğini varsayan bir teoridir (Corden, 1992:274). Günümüzde, uluslararası ticarette ve dış yatırımlarda oligopolcü kurumların önemi artmış, uluslararası ticaret çok uluslu şirketlerden oluşan uluslararası bir endüstriyel organizasyon haline gelmiş ve dünya çapında şirket birleşmeleri hız kazanmıştır. Öte yandan, gelişmiş ülkelerde (GÜ) üretim sübvansiyonları, kontrol ve regülasyon politikaları yönündeki uygulamalar artmış ve birçok ülkede ticaret politikaları tarife dışı korumacı uygulamalar şeklinde ortaya çıkmıştır. Sonuçta, uluslararası ticaret oligopolcü firmaların ve bu tip organizasyonların destekçisi olan devletlerin rol aldığı stratejik bir oyuna dönüşmüştür (Richardson, 1990:111).

Stratejik ticaret teorisi (STT), uluslararası ticarette oligopolistik yapı ve korumacı politikalar nedeniyle eksik rekabetin sözkonusu olduğunu ve eksik rekabet şartlarında serbest ticaretin optimal bir çözüm olmayacağını ileri sürer. Ülkenin refahının artması oligopolcü firmaların uluslararası ticaretten elde edecekleri maksimum karın kamusal müdahalelerle yurtiçine aktarılmasına bağlıdır. Uluslararası ticarette hakim olan durum eksik rekabet olduğuna göre firmalar tam rekabet koşullarında elde edebilecekleri kardan daha fazlasını elde etme imkanına sahiptirler. Ticaret ve rekabet politikası ile uluslararası ticaretten kaynaklanan bu normal üstü karlardan daha fazlasını elde etmek mümkün olabilir. Teori, uluslararası ticaretin stratejik bir oyun olduğunu ve kamusal müdahalenin bu oyunun bir parçası olması gerektiğini savunur ve müdahalenin optimum şeklinin nasıl olması gerektiğini ortaya koyar (Stegemann, 1989:75). Bu teoriye göre kamusal müdahale iki ana konuda gereklidir: Uluslararası ticarette var olan oligopolistik yapıdan kaynaklanan getirileri yabancı firmalardan yerli firmalara aktarmak ve özellikle bilgi ve teknoloji üretme yoluyla dışsal fayda yayan sanayileri korumak (King, 1995:24).

Stratejik ticaret teorisi, belirli varsayımlar altında, kamusal müdahalelerle yabancıların uluslararası ticaretten elde ettiği karı yerli üreticilere aktararak milli refahın artırılabileceğini savunur. Kamunun görevi milli refahın artırılabilmesi için ticarete stratejik müdahaleler yapmak ve bu yolla milli şirketleri korumaktır. Büyük ölçek ekonomilerinin söz konusu olduğu faaliyetler, yaparak öğrenme süreci ve ar-ge faaliyetleri kamusal müdahalelere açık stratejik alanlardır (Milner ve Yoffie, 1989:244). Eğer bir sanayideki mal ve hizmet üretimi büyük bir ölçeği gerektiriyorsa ve tecrübe önemli ise yabancı piyasalara giriş ve yabancı firma ve hükümetlerin davranışları doğrudan yerel endüstrinin karlılığını etkiler ve böylece iç piyasadaki şirket karlılığı diğer ülkelerin ve firmaların eylemlerine bağımlı bir hale gelir. Yurt içindeki firmaların desteklenmesi ve dolayısıyla uluslararası karların yurt içine transferinin sağlanması için hükümetler ihracat sübvansiyonu ve benzeri tedbirlerle yerel firmaların rekabet gücünü artırabilir; bu firmaların dünya pazarlarından daha fazla pay almasını sağlayabilir ve böylece yabancı firmaları piyasanın dışına itebilir.

Stratejik ticaret teorisi doğrultusunda yapılacak kamusal müdahalelerde şirketlerin talepleri belirleyici bir role sahiptir. Uluslararası alanda faaliyet gösteren ve yoğun bir şirket içi ticarete sahip olan ihracatçı firmalar genellikle serbest ticareti destekler. Korumacı politikalar düşük maliyetli ithal girdilerin yurt içine girişini engeller, şirket içi ticareti azaltır ve böylece ithal girdilerin maliyetini yükselterek bu tip firmaların yurt içi rakipleriyle rekabet imkanlarını azaltır. Öte yandan, korumacılık, yabancı ülkelerin misilleme yapmalarına yol açarak ihracatın azalmasına neden olabilir. Yapılan ampirik araştırmalar yurt içi piyasada güçlü bir yabancı firma rekabetiyle karşı karşıya kalan firmaların korumacılık talep ettiklerini ortaya koymaktadır (Krueger, 1974 ve Ray, 1981). Daha büyük bir üretim ölçeğine ulaşılamaması, hızlı bir yaparak öğrenme sürecinin olmaması ve misillemenin ortaya çıkması hallerinde ticaret engelleriyle karşılaşan uluslararası firmalar stratejik ticaret politikası yerine serbest ticareti tercih ederler ve artan uluslararası rekabete doğrudan yabancı yatırım stratejileriyle karşı koymaya çalışırlar (Milner ve Yoffie, 1989:245).

### VI. REKABET POLİTİKASI SANAYİ POLİTİKALARI İLE ÇELİŞİR Mİ?

Korumacı nitelikteki sanayi politikası uygulamaları, Japonya'da uygulanan "*devlet modeli*" sonrası revaç bulmuş ve Doğu Asya ülkeleri (asya kaplanları) tarafından yaygın bir şekilde uygulanmıştır. M. E. Porter'a göre Japon devlet modelinin temel nitelikleri şunlardır: İstikrarlı bir bürokrasi ve aktif bir merkezi hükümet; bebek endüstrilerle birlikte yüksek dışsal fayda yayan endüstrileri korumak amacıyla dolaysız yabancı yatırımların kısıtlanması; aşırı rekabet ve kapasiteyi asgariye indirmek için gevşek anti-tröst uygulamaları; ulusal düzeyde şampiyon firmaların tesisi; devlet öncülüğünde sanayinin yeniden yapılandırılması; kartellerin resmi olarak cezalandırılmasının endüstrileri canlı tutma amacıyla sınırlı kalması; zor duruma düşen firmaların kurtarılması, iktisadi büyümeyi teşvik için öncelikli (stratejik) endüstrilerin hedeflenmesi; ihracatın saldırgan biçimde teşviki; yoğun rehberlik, onay zorunluluğu ve lisans uygulaması; seçilen endüstrilerde yurtiçi firmaların yabancı rakiplerini yakalayabilmeleri için yurtiçi piyasanın yoğun bir şekilde korunması ve sağlam makro-ekonomik politikalar (Kim ve Philips, 2003:11). Bu türden sanayileşme politikalarının bünyesinde barındırdığı gevşek anti-tröst uygulamalar, resmi veya devlet destekli karteller, yurtiçi piyasanın yoğun bir şekilde korunması ve rekabet politikasının temel ilkelerine uymayan seçici politikalar rekabet politikası ile çatışabilir. Ancak, makro-ekonomik istikrarın sağlanması, yoğun beşeri sermaye yatırımını amaçlayan uygulamalar ve rekabeti teşvik eden yapısal politikalar rekabet politikası ile çatışmaz.

Porter, Takeuchi ve Skakibara (2000) tarafından yapılan ve 1953-94 arasındaki dönemi kapsayan ve Japonya'da yasal kartellerin rekabet gücü üzerindeki etkilerini değerlendiren çalışmaya göre Japon tarzı devlet modeli sanılanın aksine olumsuz sonuçlara da yol açabilmektedir. Bu çalışmaya göre gevşek anti-tröst uygulamaları ve rekabeti tesis etmeye yönelik diğer düzenleyici araçların yetersiz bir şekilde uygulanması sonucunda yasal kartellerin Japon sanayisinin rekabet gücüne katkısı olumsuz yöndedir. Devlet modelinin etkin olabildiği sektörler rekabetçi olmayan sektörlerdir. Bu sektörler, devletin yoğun müdahalede bulunmasına, kartelleşmeye göz yummasına ve firmalar arasında yoğun bir işbirliğine izin vermesine rağmen rekabetçi bir yapıya kavuşamamışlar ve halihazırda rekabetçi olan sektörlerde ise bu model etkin olamamıştır.

## VII. REKABET POLİTİKASI ve İKTİSADİ KALKINMA

Rekabet ile iktisadi kalkınma arasındaki ilişki hem teoride hem de uygulamada tartışmaya açıktır. Geleneksel ekonomik görüşler rekabet ile kalkınma arasında tekdüze bir ilişki olduğunu varsayar ve rekabet düzeyi ne kadar artarsa o kadar iyi ekonomik performansa ulaşılacağını ileri sürer (Singh, 2002:7). Rekabetin her zaman iyi olduğu varsayımı nedeniyle ne kadar çok rekabet olursa o kadar optimal bir durumun ortaya çıkacağı öngörülür. Ancak ekonomik refahı artırmak ve verimlilik artışını sağlamak için azami rekabeti sağlamak her zaman iyi bir seçenek olmayabilir. Gerçek yaşamda ekonomik etkinliğin artırılması açısından rekabetin zorunlu bir unsur olarak kabul edilmesi doğru olmakla beraber her zaman geçerli kabul edilebilecek bir varsayım olmaktan uzaktır. Zira piyasada yüksek düzeyde bir rekabet olsa bile büyük firmalarda yönetim ve kontrol fonksiyonlarının birbirinden ayrılmaması, asimetrik enformasyon, sahip-vekil (agency) arasındaki sorunlar ve x-etkinsizliği nedeniyle firma mikro-ekonomik açıdan etkin olmayabilir. Öte yandan, günümüzde uluslararası iktisadi ilişkiler oligopolcü piyasa yapısı içerisinde çoğunlukla sürdürülmektedir. Keza yüksek maliyetli ar-ge giderlerini finanse edebilmek için firmaların piyasada geçici de olsa tekel oluşturmaları birçok sektörün temel özelliğidir. Yaratıcı tahribat sonucunda firmaların sahip olduğu geçici tekelci yapı kısa vadede piyasada rekabeti azaltıcı bir etki oluştursa da uzun vadede firmaların yenilik ve icatlar yoluyla mikro-ekonomik açıdan daha etkin olmalarına yol açmaktadır. Ancak, piyasada hakim pozisyonda olan firmaların yenilik ve icatta bulunmaya, girişimciliklerini artırmaya ve sonuçta teknolojik ilerlemelerin ortaya çıkmasına yol açan temel unsur kendilerinin durumunu sarsacak potansiyel rakiplerin var olmasıdır. Bu nedenle mal ve hizmetlerin üretim ve dağıtımının en etkin bir biçimde organize edilmesinin en iyi yolu rekabetçi piyasaların ve rekabetin varlığıdır.

Bununla birlikte belirli koşullar altında rekabetin toplumsal refah ve tüketici fiyatları, firmaların teknik etkinliği, ekonomik büyüme, gelir dağılımı ve teknolojik yenilikler gibi çok sayıdaki gösterge üzerinde olumlu etkilere sahip olduğu konusunda genel bir uzlaşı söz konusudur (OECD, 2002). Rekabet firmaların verimliliklerini artırmalarına yardımcı olur. Verimliliklerini artıran firmalar daha düşük maliyet ve fiyatla daha çok üretimde bulunurlar ve neticede firma ve endüstrilerin rekabet güçleri artar ve iktisadi kalkınma olumlu yönde etkilenmiş olur.

### 1. Rekabetin İktisadi Kalkınma Üzerindeki Etkileri: Teori

Rekabet, fiyatların marjinal maliyetlere yaklaşmasına yol açtığı sürece kaynak tahsisinde etkinliği artırır. Ancak rekabetin verimlilik üzerindeki olumlu etkileri bu tip statik etkilerden ibaret değildir. Rekabet, yeni ve daha iyi ürün ve üretim metodlarının devreye konulmasına yol açarak verimlilik artışlarına neden olur ve uzun vadede başarılı yenilikler, rekabet sonrası oluşan verimliliklerin düzeyini ve büyüme hızını daha da artırır.

Rekabet, iktisadi kalkınma ve büyüme üzerinde güçlü bir etkiye sahiptir. Rekabetin bu etkisi yeniden tahsis (reallocation) ve seçme (selection) etkileri yoluyla ortaya çıkar. Rekabetin yeniden tahsis etkisi, etkin olmayan firmaların hilafına etkin firmaların piyasa payını artırmalarını sağlaması sonucunda ortaya çıkar. Dahası artan rekabet etkin olmayan firmaların endüstriyi terk edene dek karlılıklarının azalmasına ve piyasa paylarını yitirmelerine yol açarak piyasa dışına çıkması gereken firmaların seçilmesine neden olur. Rekabet, kaynakları verimlilikle kullanan firmaların devamını sağlayarak kötü ya da verimsiz firmaların piyasayı terk etmesine yol açar ve firmaların dinamik bir yapı içinde doğmalarına, büyümelerine ve nihayet yok olmalarına sebep olur. Firma düzeyinde meydana gelen bu etkiler ulusal rekabet gücünü hangi yönde etkiler? Her sektörde firma düzeyinde etkinliğin sağlanması ulusal rekabet gücünü artırır mı yoksa uluslararası alanda etkin bir firma için gereken ölçek ekonomilerini ve teknik gelişmeyi engelleyerek firmaların uluslararası alanda başarılı olmalarını engeller mi? Bu konuda birbirinden farklı iki görüş bulunmaktadır (Kim ve Phillips, 2003:3). Birinci görüşe göre yeniden tahsis ve seçme etkileri firma düzeyinde etkili olmasına karşılık toplamda önemsizdir. Bu nedenle iktisadi büyümeye yönelik ulusal strateji, uluslararası alanda firmaların rekabet güçlerinin artırılması için gerekli olan ölçek ekonomilerine ulaşılması ve teknik ilerlemenin elde edilmesi için daha önemlidir. İkinci görüş ise rekabet sonucunda ortaya çıkan yeniden tahsis ve seçme etkilerinin firma ve endüstri düzeyinde verimlik ve etkinliğin artırılmasını sağlayacağını ve sonuçta ekonominin tümünde rekabet gücünün artacağını kabul eder.

Bir ekonominin toplam etkinliği seçme etkisi ile oluşan firma dinamiklerine bağlıdır. Bu etki nedeniyle rekabet, verimsiz olan firmaları piyasa dışına iterek kaynakları gerileyen ve piyasa dışına itilen firmalardan piyasaya yeni ve güçlü bir giriş yapan ve büyüyüp gelişen daha etkin firmalara doğru yeniden dağıtır. Eğer emek ve sermaye piyasaları da etkin bir şekilde çalışıyorsa oluşan bu dinamik yapı ekonomiye canlılık ve yenilik getirir. Piyasaya yeni giren, yenilik ve icatları gündeme getiren ve piyasa gücü gittikçe artan firmalar mevcut teknolojide başarılı faaliyetler gerçekleştiren ve büyük bir tecrübeye sahip olan yerleşik firmalara büyük zararlar vermezler; tam aksine zamanla hantallaşmış bu firmaların yenilik ve icat yapma, piyasaya yeni ürün ve süreçler getirme ve verimliliklerini artırma çabalarını sıklaştırmalarına neden olurlar. Bu süreç sonunda meydana gelen başarılı yenilik ve icatlar rekabetin dinamik yapısını güçlendirir ve toplam verimliliğin artmasına yol açar.

Seçim süreci, yukarıda da değinildiği gibi, etkin olmayan firmaların piyasa dışına itilmesine yol açarken, etkin ve büyük bir tecrübeye ve piyasa payına sahip yerleşik firmaları ise yenilik ve icatlarda bulunmaya teşvik eder. Ancak rekabetin yenilik ve icatlar ile teknik ve teknolojik gelişme üzerinde etkisi konusunda farklı görüşler söz konusudur (Kim ve Phillips, 2003:3). Schumpeterci görüş ar-ge yatırımlarının maliyeti yüksek olmasına rağmen başarı garantisi olmayan yatırımlar olduğunu ve bu yatırımlar sonucunda esaslı bir yenilik icat yapılsa bile yeniliklerde bulunmanın riskli bir iş olmaktan çıkmayacağını ileri sürer. Başarı garantisi olmayan, yüksek bir riske sahip olan ve yüksek düzeyde sabit yatırımları ve ar-ge giderini gerektiren yeniliklere yatırım yapmak için firmaların finansman kaynaklarının güçlü olması ve bu faaliyetleri sonucunda elde edecekleri getirinin oldukça fazla olması gereklidir. Yenilikleri finanse etmek için gereken büyük miktardaki kaynakları sağlayacak koşullar firmanın büyük bir piyasa gücüne sahip olmasını (ölçek ekonomileri) ve firmanın bu gücünü belirli bir süre muhafaza etmesini (monopolcü piyasa yapısı) gerekli kılar. Rekabetin ilgili endüstride firmaların büyümesini ve piyasa güçlerini artırmasını engelleyecek kadar şiddetli olması, başka bir ifadeyle piyasada kıyasıya rekabet eden çok sayıda küçük firmanın olması (tam rekabet piyasası), yani tekelleşmenin olmaması, firmaların yenilik ve icatlar için gereken ar-ge yatırımlarına ayıracak kaynak bulamamalarına yol açar ve firmaları yatırım yapmaktan ve yenilik ve icatlarda bulunmaktan caydırır. Monopolcü firmalar daha yüksek getiri elde ettikleri ve piyasada fazla belirsizlikle karşılaşmadıkları için yatırımları finanse edecek kaynaklara her zaman kolayca sahip olabilirler. Teknik ilerleme ve teknolojik gelişme takipçi, yakın takipçi veya yeni kurulan firmaların sıçrama yapmak suretiyle lider (tekelci) pozisyonunda olan bir firmayı yakalayıp liderliği devralmalarına imkân sağlayacak olanakları (yenilik ve icatlar) her potansiyel rakibe bahşettiği için monopolcü firmalar potansiyel rakiplerin rekabet baskısı altında yenilik ve icatlar yapmak zorunda kalırlar.

İkinci görüş rekabetin yeniliği teşvik edeceğini savunur. Zira monopolcü firma elde ettiği yüksek getiri ve piyasada hakim pozisyona sahip olmasının verdiği rahatlıkla yenilik ve icatlarda bulunmak için yeterince teşviğe sahip olmasa bile bu olanaklara sahip olmayan firmalar için yenilik ve icatlarda bulunup yüksek getiri elde etmek için her zaman daha fazla teşvik söz konusu olur. Başka bir ifadeyle, yeni ekonomide birçok endüstride sahip olunan ileri teknoloji, teknik yenilikler ve bilgi sayesinde lider konumdaki firmayı tehdit edecek yeniliklerde bulunabilecek çok sayıda firma bulunur. Öte yandan, Friedrich A. von Hayek'e göre rekabet keşif sürecine yol açar. Rekabetin olmadığı koşullar altında keşfedilmeyecek bilgi ve fırsatlar rekabet sayesinde ulaşılabilir hale gelir. Başarılı bir firma rakiplerine kıyasla belirli bir zamanda yüksek getiri elde etmesini sağlayacak bilgi ve fırsatları keşfeden firmadır. Rekabet keşif sürecinin ortaya çıkmasını sağlayarak toplam verimliliği artırır, teknik ve teknolojik ilerlemeye yol açar ve yenilikleri hızlandırır (Ahn, 2002:7).

Ayrıca Aghion ve Howit (1998)'e göre rekabetin yenilik ve icatları artırdığına dair çeşitli teorik mülahazalar ileri sürülebilir: (1) Ürün piyasalarında ortaya çıkan yoğun rekabet iflas riski nedeniyle yöneticileri yenilikleri benimsemeye zorlayabilir; (2) Ürün piyasasındaki rekabet *yaratıcı tahribat* (mevcut firmaların ve ürünlerin varlığının ortadan kalkıp tamamen yeni firma veya ürünlerin devreye girmesi) yerine çok sayıda takipçi firmanın adım adım yenilikler gerçekleştirmek suretiyle lider firmayı yakalamalarına veya lider firmanın bu tip yenilikler ile durumunu muhafaza etmesine yol açacak şiddete sahipse firmalar büyük riskler almaksızın teknolojik üstünlük sağlamak ve yeniliklerde bulunmak için birbirleriyle rekabete girişebilirler ve (3) Emek piyasası esnek ise yenilik ve icatlarda bulunmak için gerekli olan bilgi, tecrübe ve yeteneğe sahip olan emeğin en iyi uygulama, teknoloji ve piyasa payına sahip takipçi firmalara yönelmesine neden olabilir. Bu durum yeniliklere dayalı bir rekabetin ortaya çıkmasını teşvik edebilir. Öte yandan, bilgi ekonomisi firmaların performanslarının kıyaslanması için piyasadaki iktisadi birimlere oldukça fazla olanaklar sunar. Bu durum şirket sahiplerinin ve piyasanın şirket yöneticilerini daha iyi gözlemlemesine ve beceriksiz yöneticilerin mevki kaybetmesine yol açar. Sonuçta firma yöneticileri bilgi ekonomisinde başarılı olmak için yeniliklere dayalı bir rekabete girişmek yönünde yeterince motivasyona sahip olurlar.

**2. Rekabetin İktisadi Kalkınmaya Etkisi: Ampirik Bulgular**

OECD ülkelerinde seçilen endüstrilerde yapılan çok sayıda ampirik çalışmaya göre rekabet seçim etkisi yoluyla endüstri düzeyinde verimliliği artırır (Kim ve Phillips, 2003:5). Baily, Hulten ve Campbell (1992)'ye göre yüksek düzeyde verimliliğe sahip olan üretim birimlerinde endüstrideki verimlilik artışının en önemli unsuru artan üretim miktarı iken, Hahn (2000) toplam verimlilik artışının büyük bir kısmının (konjonktürel genişleme dönemlerinde yüzde 45'i, daralma dönemlerinde ise yüzde 65'i) piyasaya üretim birimlerinin giriş ve çıkışı ile bağlantılı olduğunu dile getirir. Disney, Haksel ve Heden (2000) tarafından İngiltere için yapılan çalışma emek verimliliğindeki artışların yüzde 50'sinin ve toplam faktör verimliliğinin yüzde 90'ının daha az kar elde eden ekonomik birimlerin piyasadan çekilmesi ve daha fazla kar elde eden verimli birimlerin piyasaya girmeleri ve büyümeleri ile alakalı olduğunu ortaya koymaktadır. Foster, Haltiwanger ve Krizan (1998)'ın çalışmaları ise iktisadi kaynakların daha az verimli olan işletmelerden daha verimli işletmelere yeniden tahsisinin toplam verimlilik artışında son derece önemli olduğunu göstermektedir.

Rekabet sonucunda meydana gelen verimlilik artışının bir kısmı ilgili endüstrideki firmaların pozisyonlarındaki değişmelerle izah edilememektedir (Kim ve Phillips, 2003:5). Örneğin, Nickell (1996), rekabet yapan iktisadi birimlerin sayısının fazla olduğu ve elde edilen rantların düşük olduğu bir rekabet düzeyinin iktisadi büyümeyi olumlu etkilediğini ileri sürer. Gort ve Sung (1999) ise tekelci yapılara kıyasla etkin bir rekabetin olduğu piyasalarda verimlilikte daha hızlı bir artışın olduğunu ortaya koymaktadır.

Rekabet firma düzeyinde önemli ve pozitif bazı etkilere sahiptir. Çok sayıdaki çalışma yoğun rekabetin söz konusu olduğu piyasalarda faaliyet gösteren firmaların yüksek düzeyde bir verimliliğe sahip olduğunu ve güçlü firmaların varlığının ürün piyasalarındaki rekabetin olumlu etkiler oluşturmasına yol açtığını ortaya koymaktadır (Bkz. Kim ve Phillips, 2003:5-6).

Piyasa yapısı ile yenilik ve icatlar arasındaki ilişkiyi araştıran çalışmaların çoğu yenilik ve icatları açıklayıcı değişken olarak firma yapısı üzerinde odaklanmıştır. Ancak son zamanlarda yapılan çalışmalar büyük firmaların yenilik ve icatlar konusunda daha aktif olduğunu öngören Schumpeterci bu görüşün geçerli olmadığını göstermektedir (Ahn, 2002:15). Bound et al. (1984) tarafından ABD ile ilgili olarak yapılan bir çalışma firma büyüklüğü ile ar-ge faaliyetleri arasında belirleyici bir ilişki olmadığını ortaya koyarken Pavitt et al. (1987) İngiltere'deki verilerin aynı sonucu verdiğini ve bazı büyük firmaların çok önemli düzeyde yenilik ve icatlarda bulunurken diğerlerinin bulunamadığını; buna karşılık, çok küçük bazı firmaların büyüklükleriyle ters orantılı olarak son derece yüksek düzeyde yenilik ve icatlarda bulunabildiklerini ortaya koymaktadır. Öte yandan, birçok çalışmada ar-ge verimliliğinin (birim ar-ge başına yenilik ve icatlar) firma büyüklüğü ile ters yönde bir ilişkiye sahip olduğu ve küçük firmaların ar-ge harcaması başına daha fazla patent sahibi oldukları gözlenmektedir (Bound et al. 1984). Piyasada yoğunlaşma ile ar-ge yoğunluğu (ar-ge /firma büyüklüğü) arasındaki ilişki hususunda yapılan çalışmalar karmaşık sonuçlar ortaya koymaktadır. Acs ve Audretsch (1987) tarafından yapılan bir çalışma büyük firmaların sermaye yoğun ve yoğunlaşmanın olduğu endüstrilerde görece daha fazla yenilik ve icatlara dayalı avantaja sahipken küçük firmaların oldukça yüksek yenilik ve icatlara dayalı ve beceri ve yetenek yoğun endüstrilerde daha yüksek yenilik ve icatlara dayalı üstünlüğe sahip olduklarını göstermektedir. Aynı kişilerce yapılan paralel bir çalışma (1988) endüstrilerdeki yenilik ve icat düzeyinin konsantrasyon düzeyi arttıkça azaldığını ortaya koymaktadır. Öte yandan, her yenilik ve icat halihazırda başat konumda olan firma tarafından yapılmayabilir ve bu durumda piyasada başat konumda olan piyasa liderinin dışındaki firmalar tarafından yapılan yenilik ve icatlar piyasada yoğunlaşmayı azaltıcı yönde bir etki meydana getirebilir.

Rekabet düzeyi ile verimlilik arasındaki ilişki piyasa yapılarına göre farklılıklar gösterebilmektedir. Pilat (1996:122-126) tarafından yapılan çalışma, yoğunlaşma düzeyinin, görece çok sayıda küçük firmanın yer aldığı ve homojen malların üretildiği tam rekabete en yakın özellikler gösteren piyasalarda (örneğin, gıda ürünleri ve tekstil piyasaları) verimlilik üzerinde olumlu bir etkiye sahip olmadığını, ancak görece daha büyük firmaların başat konumda olduğu ve daha karmaşık ve farklılaştırılmış ürünlerin üretildiği piyasalarda (örneğin, ilaç, elektrik, bilgisayar piyasaları) piyasadaki yoğunlaşmadaki artışın verimlilikte büyük artışlar meydana getirdiğini ortaya koymaktadır. Birinci tür piyasalarda piyasaya girişin kolay olması ve piyasayı birkaç firmanın domine etmesine olanak tanımayacak düzeyde bir parçalanmış yapının söz konusu olması piyasaya giriş ile verimlilik düzeyi arasında önemli ve olumlu bir ilişkinin olmasına neden olabilmektedir.

## VIII. GLOBALLEŞME, EKONOMİDE SERBESTLEŞME ve REKABET POLİTİKASI

Gelişmekte olan ülkeler rekabet politikası konusunda yeterince tecrübeye sahip olmasalar ve tam rekabetin uzun vadede verimlilik artışlarında optimal olduğu konusunda genel bir şüphe söz konusu olsa da, mevcut global ekonomik ortam ve global düzeydeki ekonomik düzenlemeler çerçevesinde, gelişmekte olan ülkelerin rekabet politikalarını oluşturup etkin bir şekilde uygulamalarında sayısız fayda vardır (Singh, 2002:8-9). Son yıllarda meydana gelen teknolojik ilerlemeler, ekonomik, siyasi ve ideolojik değişiklikler sonucunda dünya ekonomilerinin entegrasyonunda büyük bir artış söz konusu olmuş ve bunun sonucunda ülkelerin hemen hemen tamamı her alanda büyük çaplı serbestleştirme faaliyetlerine girişmişlerdir. Özelleştirme ve deregülasyon çabaları sonucu gelişmekte olan ülkelerin çoğunda büyük yapısal değişiklikler meydana gelmiştir. Bu ülkelerin çoğunda özelleştirme öncesinde büyük ölçekli kamu işletmeciliği ve büyük doğal tekel piyasaları bulunmaktaydı. Özelleştirilen işletmelerin bir çoğunun zaten birer doğal tekel olması ve özelleştirme sonrasında piyasada ilave tekelleşmelerin meydana gelmesi iktisadi performansı azamileştirmek için uygun regülasyon ve rekabet politikalarının uygulamaya konulmasını gerektirmektedir. Öte yandan, kamu kesimindeki tekellerin yerini özelleştirme uygulamaları sonucu özel tekellerin almasının toplumsal refahı azaltma potansiyeli gelişmekte olan ülkelerin uygun rekabet politikalarını devreye koymalarını zorunlu kılmaktadır.

Gelişmekte olan ülkelerin sağlam bir rekabet politikasına sahip olmalarını zorunlu kılan nedenlerden birisi de son yıllarda dünya ekonomisini yeniden şekillendiren büyük çaplı uluslararası şirket birleşme ve satın alma faaliyet (BSF)'lerinin varlığıdır. UNCTAD (2000, 2003) verilerinin de gösterdiği gibi 1980'li yılların ortalarında global GSYİH'nın yüzde 0.5'ini ancak bulan BSF'leri 2000 yılında yüzde 2'ye tırmanmıştır. BSF'leri rekabet üzerinde meydana getirecekleri iktisadi etkileri nedeniyle rekabet politikasının hedeflerini ve uygulamasını yakından etkileme potansiyeline sahiptir ve bu nedenle bu faaliyetler rekabet politikası oluşturulurken ve uygulanırken dikkatlice ele alınıp değerlendirilmelidir.

Şirket birleşme ve satın alma faaliyetleri belirli iktisadi olaylara veya yasal düzenlemelere bağlı olarak dalgalanmalar şeklinde kendini gösteren ve son yüzyıla damgasını vuran büyük şirketlerin ortaya çıkmasını sağlayan oluşumlardır. İlk büyük BSF dalgası, 1890 yılında çıkarılan ve şirketlerin işbirliğine gitmelerini yasaklayan Sherman Antitröst Yasası'nın bir sonucu olarak ABD'nde 1890-1905 arasında meydana gelmiştir (Singh, 2002:9). Bu ilk dalgada BSF'lerinin amacı piyasayı domine edecek tekelleri ortaya çıkartmak iken 1920'lerde oligopol oluşturmak, 1960'larda holdingleşme ve 1980'lerde bu holdinglerin daha da büyüyerek global ölçekte oyuncular olarak sahneye çıkmasıydı. Nitekim 1990'larda hacimlerini artıran şirketler global ölçekte oyuncular haline geldiler. Yeni teknolojiler, globalleşme ve deregülasyon çabaları küresel düzeyde tüm piyasaları global aktörlere açık bir hale getirdi ve benzer güçlerdeki global oyuncular arasındaki rekabetin şiddetlenmesi günümüzdeki BSF'lerinin ortaya çıkmasına neden oldu. Öte yandan 90'lı yıllarda meydana gelen BSF'leri öncekilerden uluslararası niteliği nedeniyle de farklıdır. Nitekim daha önceki yıllarda meydana gelen bu türden faaliyetlerin temel özelliği ulusal ölçekte olmaları ve ulusal düzeyde güçlü oyuncular ortaya çıkarmaları iken 90'lı yıllarda BSF'lerinin büyük bir çoğunluğu global ölçekte meydana gelmekte ve global düzeyde güçlü oyuncuların çoğunun çok uluslu olmasına yol açmaktadır. Ayrıca son dönemdeki BSF'lerinin çoğu dolaysız yabancı yatırımlarla yakından bağlantılıdır. Özellikle gelişmiş ülkelerdeki faaliyetler dolaysız yabancı yatırımlar yoluyla gerçekleştirilmektedir.

Hızlı teknik ve teknolojik değişimler çoğunluğu ÇUŞ olan dünyanın teknolojik liderleri üzerindeki rekabetçi baskıyı artırmaktadır. İkame edici özelliklere sahip olan firmaların birleşmesi veya birinin diğerini satın alması sayesinde firmalar yeniliklerin maliyetini paylaşmakta, yeni teknolojik varlıklara erişebilmekte ve rekabet güçlerini artırabilmektedir. BSF'leri yoluyla uluslararası üretim sisteminin yaygınlaşması ve derinlik kazanması birçok ülkede dolaysız yabancı yatırımlar (ve dolayısıyla BSF'leri) üzerindeki kısıtlamaların gevşetilmesi suretiyle ülkeler arasındaki yabancı sermaye rekabeti sonucunda gerçekleşmektedir. Dış ticaretteki serbestleştirme ve bölgesel entegrasyon çabaları rekabeti yoğunlaştırarak ve bölgesel düzeyde şirketlerin yeniden yapılanması ve tahkimini teşvik ederek BSF'lerini artırmaktadır (UNCTAD, 2000).

Sınır aşan BSF'lerinin meydana getirdiği fayda ve maliyetler tartışma konusudur. Singh (2002)'ye göre teoride BSF'leri iki kanal üzerinden etkide bulunarak toplumsal refahı artırabilir. Öncelikle, BSF'leri verimli olmayan firmaların verimliliklerini artırmalarını sağlayacak bir tehdit unsuru olarak bu firmaların verimliliklerini artırmalarına yol açar. BSF'leri sonucu bir araya gelen firmalar arasında oluşan sinerji yeni firmanın verimliliğini artırabilir; ancak, birleşme sonucunda tekelleşme potansiyeli toplumsal maliyetin artması riskinin ortaya çıkmasına neden olur. Ampirik veriler BSF'leri sonucunda yeni firmaların karlılıklarının fazla artmamasına rağmen borsa değerlerinin arttığını göstermektedir (Gugler et al., 2001). BSF'leri sonucu kendi sektörlerinde global ölçekte liderliği ele geçirmeye çalışan şirketler iktisadi faaliyetlerini stratejik bir çerçevede sürdürmekte ve bu çabaların sonucunda, özellikle rekabet politikası olmayan veya etkin bir biçimde sürdürme kabiliyetinden yoksun olan ülkelerde, BSF'lerinin yoğun olarak gerçekleştiği elektronik, elektrikli aletler, otomobil, petrol, kimyasallar ve ilaç endüstrilerinde oligopolcü firma yapıları ortaya çıkmakta ve rekabette ciddi sapmalar meydana gelmektedir. Serbestleştirme ve deregülasyon sonucu iç piyasasını yabancı sermayeye açan ve yabancı sermayenin getirisinden istifade etmek için aralarında yarışan gelişmekte olan ülkelerin umdukları faydayı elde edebilmeleri ve BSF'leri ve yabancı sermaye yatırımlarının olası maliyetlerini asgariye indirebilmeleri sağlam ve uygulanabilir bir rekabet politikasına sahip olmalarına bağlıdır.

## IX. REKABET POLİTİKASI: ÜLKE UYGULAMALARI

Rekabet politikası, teoride "*ikinci en iyi*" olarak görülen bir politik seçenektir. Rekabet, ve özellikle tam rekabet koşullarının varlığı en optimal durum olarak kabul görür. Tam rekabet koşullarında, daha öncede değinildiği gibi, tüm piyasalarda çok fazla sayıda katılımcı söz konusudur; eksik rekabet piyasalarına rastlanmaz; dışsallıklar, doğal tekeller, bilgi asimetrisi yoktur; ekonomik ajanların tümü rasyonel davranır; firma-bireyler arasındaki sözleşmelerin uygulanmasını sağlayan mükemmel bir yargı erki vardır ve gelir ve servet dağılımını ideale yaklaştırmak için transfer giderlerinde bulunan iyi işleyen bir yürütme organı devrededir. İdeal durumdan sapmaya yol açacak herhangi bir ihlalin olması durumunda rekabeti kısıtlayacak sınırlandırmaların devreye girdiği "ikinci en iyi" durum oluşturulmaya çalışılır. Tam rekabet koşullarından ne kadar uzaklaşılırsa rekabeti tesis etmek ve rakiplerle benzer rekabet koşullarında uluslararası piyasalarda yarışabilmeyi amaçlayan rekabet politikası uygulamalarından o ölçüde uzaklaşılmış olur. Gelişmekte olan ülkelerin çoğunda yukarıda sıralanan ideal durumun mevcut olmaması bu ülkelerde rekabeti teşvik edecek politikaların bulunmamasına ve rekabeti sınırlandıracak uygulamalara ikinci en iyi seçenek olarak başvurulmasına neden olmaktadır (Laffont, 1998:237). Gelişmekte olan ülkelerin çoğu rekabet politikası ve rekabet hukukunu uygulayabilecek düzeyde güçlü bir yürütme erkine sahip değildir ve yaygın rant kollama faaliyetleri ve yozlaşma yürütme erkinin işini daha da zorlayan bir unsur olarak boy göstermektedir.

Ancak bu durum tüm gelişmekte olan ülkeler için aynı değildir. Singh (2002)'e göre yeni sanayileşmekte olan bir çok ülke, tam demokratik bir yapıya sahip olmasalar bile, güçlü ve etkin yürütme organlarına sahiptirler (Çin, Hindistan, Brezilya, Meksika ve Türkiye). Şeffaf olmayan bazı ülkeler çok büyük bir büyüme hızına ulaşırken (Çin ve Doğu Asya ülkeleri), çok yoğun yozlaşmanın olduğu bazı ülkelerde hızlı bir sanayileşme süreci gerçekleşmiş (Kore; 1970-80 arası ve İtalya; II. Dünya Savaşı sonrası) ve nihayet demokratik olmayan ve yoğun yozlaşmanın olduğu bazı ülkelerde ise yoksullukla mücadelede büyük başarılar elde edilebilmiştir (Örneğin, Suharto döneminde Endonezya). Bu sonuç kalkınma ile yozlaşma ve rekabet politikası da dahil ülkenin müdahaleci bir sanayi ve iktisat politikası uygulama yeteneği arasında açık ve güçlü bir ilişkinin olmayabileceğini ortaya koymaktadır. Gelişmekte olan ülkeler yaşam kalitesini artırabilmek için uzun yıllar boyunca hızlı ve istikrarlı bir büyüme hızı gerçekleştirmek zorundadırlar. Başka bir ifadeyle gelişmekte olan ülkeler sadece iyi bir şey olduğu için rekabeti teşvik edecek bir rekabet politikasını uygulamaya koyamazlar; rekabet politikasının mutlaka iktisadi kalkınmayı hızlandırması ve teşvik etmesi gereklidir. İktisadi kalkınma günümüzde büyük ölçüde özel kesimin yatırımda bulunmasını ve yüksek verimlilik ve rekabet gücü ile faaliyetlerini sürdürebilmesini gerektirmektedir. Rekabet politikası yoluyla rekabetin büyük ölçüde teşvik edilmesi fiyat savaşlarına yol açarak özel kesimin karlılığını azaltır ve sonuçta yatırımda bulunma isteğini ortadan kaldırır. Rekabetin eksik olması durumunda ise tekelleşme sonucu yüksek karlarla çalışmaya alışan özel sektörün aşırı yatırımda bulunması ihtimali ortaya çıkar. Böyle bir durumda özel kesimin aşırı kapasite kullanımını, aşırı yatırımlarını kontrol etme devletin üstlenmesi gereken bir sorumluluk haline gelebilir. Öte yandan, global düzeyde, BSF'leri yoluyla, global aktörler olarak faaliyet gösteren çok az sayıdaki firma hemen hemen her sektörde oligopolcü bir yapılanma içerisinde faaliyet göstermekte ve elde ettikleri yüksek rantlarla yenilik ve icatlarda bulunarak veya piyasaya giriş engelleri oluşturarak rekabet güçlerini hem cari dönemde hem de gelecekte artırma ve muhafaza etme potansiyeline sahip olmaktadırlar. Global firmalar güçlü hükümetlerinin her türlü desteğini arkalarında hissetmektedirler. Bu nedenle gelişmekte olan ülkeler iktisadi kalkınmalarını sürdürmelerini sağlayacak ve uzun dönemde yaşam kalitesinin artması için firmaların rekabet güçlerini artırmalarına olanak verecek kendi ülkelerinin özelliklerine uygun bir rekabet politikası (özgün ve optimal) belirleyip uygulamaya koymalıdırlar. Bu tip bir rekabet politikası yurtiçinde büyük firmaların rekabet karşıtı davranışlarını sınırlandırmalı, uluslararası BSF'leri ve dolaysız yabancı sermaye hareketleri sonucu ortaya çıkan mega şirketlerin sahip oldukları ya da potansiyel olarak sahip olabilecekleri tekel gücünü kötüye kullanmalarını kısıtlayabilmeli ve iktisadi büyüme ve kalkınmayı teşvik etmelidir.

### 1. Rekabet Politikası Uygulamaları: Gelişmiş Ülkeler

Gelişmiş ülkelerde rekabet politikası uygulamalarının bilinmesi gelişmekte olan ülkeler açısından önem taşımaktadır. Özellikle, ABD, AB ve Japonya gibi gelişmiş ülkelerin rekabet politikaları global ekonomide sahip oldukları yer ve önem dolayısıyla son derece yol göstericidir. ABD, uzun yıllar önce, tröstleri ve rekabeti kısıtlayıcı uygulamaları yasaklayan rekabet hukukuna sahip ülkelerin başında gelmektedir. II. Dünya Savaşı'ndan 1980'li yıllara dek ABD aynı endüstride şirket birleşmelerini yasaklayan yapısal politikaları uygulamaktaydı ve bu uygulama 1960'lı yıllarda holdingleşmeye yönelik (farklı endüstrileri kapsayan) şirket birleşmelerinin yaygınlaşmasına neden oldu (Singh, 2002:16). Ancak global ekonomik entegrasyon düzeyinin artması, globalleşmeye paralel bir biçimde global düzeyde yabancı sermayeye yönelik kısıtlama ve engellerin deregülasyon ve serbestleştirme uygulamaları ile ortadan kaldırılması ve ABD'nin cari işlemler açığının sürdürülebilir olmaktan uzaklaşması rekabet hukukunun katı bir biçimde uygulanmasını gittikçe zorlaştırdı. Yabancı rekabetin artması sonrasında ABD katı rekabet hukuku uygulamasını gevşetmek zorunda kaldı. Daha önceleri herhangi bir uygulamanın etkileri dikkate alınmaksızın rekabet hukukuna göre rekabeti olumsuz yönde etkilediği varsayıldığında rekabet karşıtı uygulama sayılırken günümüzde olay bazında değerlendirme yapılmakta ve herhangi bir firmanın piyasa gücünün artması her durumda rekabeti olumsuz yönde etkileyen bir olay olarak değerlendirilmemektedir, örneğin ölçek ekonomileri sonucunda piyasa gücünün artması rekabeti bozucu bir uygulama olarak değerlendirilmemektedir (Singh, 2002:16 ve Baker, 1999: 191). Rekabet hukuku uygulamasında eski yaklaşım rekabetin meydana getirdiği ekonomik sonuçlar ne olursa olsun iyi bir şey olduğu ve bu nedenle kuralların katı bir şekilde uygulanması gerektiği felsefesine dayalı iken yeni anlayış rekabetin tek başına çok fazla anlamlı olmadığını, her olayın ayrı ayrı ele alınıp değerlendirilmesi gerektiğini ve firma davranışlarının meydana getirdiği sonuçların daha önemli olduğunu dile getirir.

AB rekabet hukuku Roma Anlaşması'nın 81-82. maddeleri ile ilgili ulusal devletin rekabetle ilgili düzenlemelerini bünyesinde barındırır. Rekabet hukukunun temel amacı "tek pazarın" oluşturulması olsa da gelir ve servet dağılımında adaletin sağlanması, bölgesel farklılıkların giderilmesi ve işsizliğin önlenmesi gibi sosyal fonksiyonlar da hedeflenmektedir (Singh, 2002:16). AB rekabet politikası, tüketicinin refahını ve Avrupa endüstrilerinin rekabet gücünü artırmayı amaçlayan birbiriyle alakalı üç sacayağına dayanır (European Commission, 2003:11). Birinci sacayağı adaletsiz kısıtlayıcı uygulama veya anlaşmalarla ve hakim pozisyonun kötüye kullanılması ile alakalı girişimleri yasaklayan anti-tröst kurallarının güçlü bir şekilde uygulanmasıdır. Bu uygulama fiyatların sabitlenmesi veya piyasayı paylaşmaya yönelik kartelleşmeler gibi rekabet karşıtı davranışları önlemeyi amaçlar. Aynı zamanda BSF'leri ile ortaya çıkan yüksek piyasa gücüne dayalı hakim pozisyonlardan kaçınmak için gerekli olan konsantrasyonun kontrol edilmesine yardımcı olur. İkinci sacayağı, etkin rekabetin henüz tam anlamıyla kökleşmediği iktisadi sektörlerin dışa açılmasının tek pazarın entegrasyonunu ilerleten yasal önlemleri içeren yavaş bir serbestleştirme politikası ile gerçekleştirilmesidir. Nihayet üçüncü sacayağı ulus devletlerin sübvansiyonlar ve vergi muafiyetleri yoluyla Birlik içi piyasada sapmalara yol açmamalarını sağlayan ve ulus-üstü düzeyde devlet yardımlarını kontrol eden AB rekabet politikasını içerir.

Japon rekabet politikası 1940'lı yılların ortalarında, ülke ABD işgali altındayken oluşmuş ve büyük ölçüde sanayi politikası çerçevesinde şekillenmiştir. 1950-73 arasında yeni sanayileşmekte olan ve milli geliri yılda yüzde 10 artan bir ülke olan Japonya'da sanayi politikası Uluslararası Ticaret ve Sanayi Bakanlığı (MITI) tarafından belirlenmekteydi ve Adil Ticaret Komisyonu (FTC) ülke içinde rekabet uygulamalarını gözetlemekteydi. MITI'nin temel hedefi Japon sanayisinin yüksek bir karlılık ve dolayısıyla yüksek bir yatırım düzeyine ulaşmasını garanti altına almak olduğundan düşük kar ve yatırıma neden olan "yıkıcı rekabet" faaliyetlerinden endişe etmekteydi. Bu nedenle Bakanlık Japon endüstrilerinde yüksek düzeyde yoğunlaşmanın meydana gelmesine yol açan büyük kartellerin oluşturulması ve desteklenmesi ve piyasaya giriş ve çıkışların devlet müdahaleleriyle kontrol altına alınması gibi uygulamaları hayata geçirdi. Öte yandan, kaynakların yanlış tahsisine yol açan oligopolleşmeye izin veren bu uygulamayla birlikte MITI ödülün ucuz krediye erişim, gerekli olduğunda döviz temini ve uluslararası rekabete karşı koruma olan oligopolistik firmalar arasında yarışmaya dayalı rekabeti teşvik eden bir politika takip etti. Verilen ödüller ilgili firmaların ihraç piyasalarındaki başarısı, teknolojik gelişmelerdeki katkıları veya yeni ürün geliştirmedeki yetenekleri ile bağlantılı idi. Bu uygulamaların sonucunda Japon endüstrilerinin çoğunda oligopolcü bir yapı söz konusu olmasına rağmen Japon imalat sanayinde ABD'ndekinden daha yoğun bir rekabet oluşması sağlanabildi. Japonya, firmalar arasında aynı anda işbirliği ve rekabetin oluşmasına yol açan bir kurumsal yapı meydana getirmek suretiyle verimlilikte uzun vadeli artışları garanti eden dinamik etkinliğe yönelik bir politikayı uygulayabildi (Singh, 2002:18). Bu politika gelişmekte olan ülkelerin de uygulayabileceği ve başarı şansı olan bir politikadır.

### 2. Rekabet Politikası Uygulamaları: Gelişmekte Olan Ülkeler

Gelişmekte olan ülkeler piyasa başarısızlıkları ve gelişmiş ülkelerle kendi aralarında var olan kalkınmışlık açığını hızla kapatabilmek için yaygın bir şekilde "*bebek endüstri tezi*" gibi teorik gerekçelerle kendi ulusal piyasalarında müdahaleci ve korumacı politikalara başvurmaktadırlar. Öte yandan, bu ülkelerde, Asya Kaplanları'nın son otuz yılda gösterdikleri başarılar sanayileşme politikalarının revaç bulmasına neden olmakta ve rekabet politikalarının ihmal edilmesine yol açmaktadır. Gelişmekte olan ülkelerde piyasaya müdahaleyi gerektiren çok sayıda piyasa başarısızlığı (işsizlik, ücret düzeylerinde bölgelere göre değişen farklılıklar, yetersiz ve kalitesiz fiziki altyapı, sermaye piyasalarındaki yetersizlikler v.b.) söz konusudur. Doğal tekellerin varlığı, dışsallıklar ve bilgi asimetrisinin mevcudiyeti tüm ülkelerde regülasyonların varlık gerekçesini meydana getirir. Gelişmekte olan ülkelerde iktisadi büyüme ve kalkınma mevcut sorunların çözümü ve gelişmiş ülkelerin yakalanması için en önemli iktisadi hedef olduğundan rekabet politikası kalkınmayı sağlayacak veya kolaylaştıracak bir şekilde en acil piyasa aksaklıklarını ortadan kaldırmayı hedeflemelidir.

Gelişmekte olan ülkelerde sermaye piyasalarının yeterli hale getirilmesi ve lider firmaların ürettiği bilgilerin ekonomiye yayılmasını sağlamak kalkınmanın sağlanmasında en önemli adımlardan biridir (Lachmann, 1999:15). Bu ülkeler, yatırımları finanse edecek ulusal tasarrufların tasarruf sahiplerinden toplanmasını sağlayacak etkinlikte kurumlara (bankalar veya piyasalar) sahip değillerdir. İç piyasalarının küçük olması ve ihracatlarının yetersizliği firmaların kar marjının düşük olmasına neden olmakta ve uzun vadeli yatırımların özel kesimin kendi dinamikleri ile yapılmasını engellemektedir. Bu nedenle, bu ülkelerde yatırımların mevcut düzeyinin sürdürülmesi ve kalkınmaya ivme kazandırılmasında geriye tek yol olarak bebek endüstrilerin desteklenmesi kalmaktadır. Sermaye piyasalarındaki aksaklıklarının giderilmesi veya sermaye piyasaları mevcut değilse, etkin ve işleyen sermaye piyasalarının tesis edilmesi özel kesimin yatırımlarının finansmanı için ucuz ve yeterli kaynak sağlayarak yurtiçi piyasada rekabet ortamını iyileştirebilir ve yerli firmaları uluslararası alanda rekabet edebilecek güce ve yapıya ulaşmalarına yardımcı olabilir. Keza yeni endüstrilerin ve uluslararası ölçekte güçlü firmaların kurulması ulusal ekonomilerde önemli dışsal yararların ortaya çıkmasına yol açar. Bu firmaların ve endüstrilerin yaşaması ve güçlenmesi yeni yatırımları finanse edecek karları elde edebilmelerine bağlıdır. Bu nedenle gelişmekte olan ülkelerde devletlerin sosyal açıdan arzu edilen yatırımların özel kesim tarafından yapılmasını sağlamak için firmaları sübvansiyonlarla desteklemesi ve korunması savunulabilir. Benzer bir biçimde sosyal açıdan öncelikli olmadığı düşünülen yatırımlarda firmaların yüksek kar marjı elde edebilmelerini temin etmek için fikri mülkiyet haklarının korunmasına yönelik uygulamalara öncelik tanınabilir veya yerli firmaların teknoloji transfer etmeleri ve yenilik-icat yapabilmeleri için yabancı şirketlerle işbirliği yapmalarını sağlayacak düzenlemelere gidilebilir. Öte yandan, yabancı firmaların iç piyasada rekabeti bozocu davranışlarını engelleyecek kapasitede bir ulusal rekabet kurumunun varlığı gereklidir.

## X. REKABETİN TEŞVİKİNDE DEVLETİN ROLÜ

Piyasa ekonomisinde firmaların davranışlarını belirleyen temel motif karın azamileştirilmesi olduğu için rekabet sürekli olarak tehdit altında olan ve sürekli olarak devlet tarafından gözetilmesi gereken bir ideal durumu ifade eder. Ulusal firmaların dünya piyasalarında rekabet güçlerini artırması ve sürdürmesi için yurtiçinde rekabet ortamının iyileştirilmesi ve yabancı firmaların ve devletlerin rekabeti bozucu uygulamalarına karşı gerekli tedbirlerin alınması gereklidir. Devletin temel görevi rekabetçi bir ortam oluşturmak ve bu ortamın sürekliliğini sağlamaktır.

Devletler rekabetin teşvik edilmesinde pasif ve aktif olmak üzere iki farklı yaklaşımı benimseyebilirler (Lachmann, 1999:19-21). Pasif yaklaşımda firmaların davranışlarını ve iktisadi faaliyetlerini kısıtlayan ortamın ortadan kaldırılması amaçlanır. Bu amaçla fiyatların serbestleştirilmesi, makro-ekonomik istikrarın sağlanması, korumacı dış ticaret politikaları ile keyfi ve açık olmayan sanayi politikalarının uygulamadan kaldırılması, piyasalarda tekelleşmelerin engellenmesi ve kamu tarafından sunulan hizmetlerin azaltılarak etkin ve modern bir hale getirilmesi gerçekleştirilebilir.

Ancak, pasif yaklaşımın, firmaların makro-ekonomik, sosyal ve çevresel açılardan uluslararası alanda başarılı bir şekilde rekabet edebilmelerini sağlayacak bir ortamı oluşturmayı hedefleyen aktif bir yaklaşım ile de desteklenmesi gereklidir. Bu yaklaşım, firmaların global piyasalarda karşılaşacakları rekabetin üstesinden gelmelerini sağlayacak öğeleri içermelidir. Bu öğelerin en önemli olanları şunlardır: Yurtiçi ve yabancı piyasalardaki koşullar, teknoloji ve fiyatlar konusunda enformasyon; etkin iletişim ve ulaşım sistemleri; teknolojik ve örgütsel know-how; nitelikli beşeri kaynaklar; üretimi desteklemek için fiziki, ekonomik ve sosyal altyapıda iyileştirmeler ve girişimcilik kapasitesinin teşviki. Bu faktörler, kamu kesimi ile özel kesim arasında ahenkli bir işbirliğinin yanı sıra üniversite ve eğitim sistemi ile sanayi arasında güçlü bir ilişki ile geliştirilebilir. Öte yandan devletlerin olumlu dışsallıkları (örneğin, teknik-teknolojik ilerleme, beşeri kaynakların eğitimi) teşvik edecek; olumsuz dışsallıkları (örneğin, çevresel zarar ve bozulmalar) ise caydıracak şekilde piyasa aksaklıklarını düzeltme yönünde çaba göstermeleri gereklidir. Bu doğrultuda sağlam bir para ve maliye politikası devreye sokulabilir, sermaye piyasalarındaki aksaklıklar düzeltilmeye çalışılır, sosyal güvenlik ve vergi sistemi yeterli ve etkin bir hale getirilebilir ve siyasi ve ekonomik istikrarı sürdürecek uygulamalar gündeme getirilebilir. Ayrıca, hukuk sisteminin genel ve fikri mülkiyet haklarını koruması rekabetçi bir piyasa sisteminin oluşturulması açısından atılması gerekli adımlardan biridir. Keza, hukuki güvenliğin ve güçlü kurumların varlığı firmaların uzun vadedeki ekonomik kararlarının etkinliğini artırır. Bu nedenle rekabet hukukunun açık, etkin ve global ölçütlerde oluşturulması, rekabet kurumu tarafından rekabeti bozucu firma davranışlarının zamanında engellenmesi ve birey ve firmaların yasal haklarının yargı organlarınca korunması iktisadi gelişme ve ulusal firmaların global ölçekte rekabet gücüne sahip olmaları için son derece önemli birer unsurdur.

## XI. SONUÇ

Bu çalışma içerisinde açıklandığı üzere rekabet hukukunun ve rekabet politikasının amacı piyasada rekabeti teşvik etmek suretiyle iktisadi olanak ve fırsatları artırmaktır. Etkin bir rekabet politikası uygulanması netice olarak, piyasada yüksek kalitede ve düşük fiyatta mal ve hizmetlere erişim imkanlarını arttırır, tüketicilere seçme özgürlüğü sağlar, yenilik ve yaratıcılık yönündeki çabaları teşvik eder.

Rekabet politikasının en önemli amaç ve fonksiyonlarından birisi de tüketicileri, rekabeti bozucu uygulama, oluşum ve politikalara karşı korumaktır.

Globalleşme çağında rekabetin şekli tümüyle değiştiğinden ve aynı zamanda ekonomik ve sosyal etkileri çok daha büyük boyutlara ulaştığından rekabet politikası ekonomik düzen politikasının en önem taşıyan araçlarından birisi durumundadır. Piyasa ekonomisinin etkin işlerliği büyük ölçüde etkin rekabet politikası uygulamalarına bağlı bulunmaktadır.

## KAYNAKLAR

ACS, Z.J. ve D.B. AUDRETSCH, "Innovation, Market Structure and Firm Size", *Review of Economics and Statistics*, 69, 1987, ss. 567-575.

AGHION, P. ve P. HOWITT, *Endogenous Growth Theory.* Cambridge and London: MIT Press, 1998.

AHN, Sanghoon, "Competition, innovation and Productivity Growth: A Review of Theory and Evidence", *OECD Economic Department Working Papers No:317.* Paris: OECD, 2002.

BAILY, M., C. HULTEN ve D. CAMPBELL, "Productivity dynamics in manufacturing plants", *Brookings Papers on Economics Activity: Microeconomics. 2,* 1992, ss. 187-249.

BAKER J., "Developments in Antitrust Economics", *Journal of Economic Perspectives,* Vol. 13, No. 1, Winter, 1999, ss. 181–194.

BANNOCK, Graham R.; E. BAXTER ve Evan DAVIS, *The Penguin Dictionary of Economics.* Fifth Edition, 1992.

BELL, Martin, Bruce ROSS-LARSON ve Larry E. WESTPHAL, "Assessing the Performance of Infant Industries", *Journal of Development Economics.* 16, No:1-2, September-October 1984.

BOUND, J., C. CUMMINS, Z. GRILICHES, B.H. HALL, ve A. JAFFE, "Who Does R&D and Who Patents?", (Z. Griliches (ed.), *R&D, Patents, and Productivity,* University of Chicago Press, Chicago and London içinde), 1984.

CORDEN, W. Max, *International Trade Theory and Policy: Selected Essays of W. Max Corden.* Cheltenham: Edward Elgar, 1992.

DISNEY, R., J. HASKEL ve Y. HEDEN, "Restructuring and productivity growth in UK manufacturing", *CEPR Discussion Paper.* No. 2463, May 2000.

ERKAN, Hüsnü, *Sosyal Piyasa Ekonomisi.* İzmir: Silm Ofset, 1987.

EUROPEAN COMMISSION, *European Union Competition Policy: XXXIInd Report on Competition Policy.* Luxembourg: Office for Official Publications of the European Communities, 2003.

FOSTER, L., J.C. HALTIWANGER ve C.J. KRIZAN, "Aggregate productivity growth: lessons from microeconomic evidence", *NBER Working paper Series.* No.6803, 1998.

GORT, M, ve N. SUNG, "Competition and productivity growth: The case of the US telephone industry", *Economic Inquiry.* Vol.37, No.4, 1999, ss. 678-691.

GUGLER K, D. MUELLER, Burcin YURTOGLU and C. ZULEHNER, "The Effects of Mergers: An International Comparison", Paper presented at UNIP Conference, Vienna, December, 2001.

HAHN, C. H., "Entry, Exit, and Aggregate Productivity Growth: Micro Evidence on Korean Manufacturing", *OECD Economics Department Working Paper.* No. 272, Paris: OECD, 2000.

ICN, *Advocacy and Competition Policy.* Report prepared by the Advocacy Working Group, ICN (International Competition Network)'s Conference, Naples, Italy, 2002.

KIM, Jae-Woo ve Bernard J. PHILLIPS, *Competition and Economic Development.* Seoul Competition Workshop, 2003.

KRUEGER, Anne O. ve Baran TUNCER, "An Empirical Test of the Infant Industry Argument", *American Economic Review.* 72, no:5, December 1982, ss.1142-1152.

LACHMANN, W., *The Development Dimension of Competition Law and Policy.* UNCTAD Series on Issues in Competition Law and Policy, New York ve Geneva: United Nations, 1999.

LAFFONT, Jean-Jacquez, "Competition, Information, and Development", in PLESKOVIC, Boris ve Joseph E. STIGLITZ (Eds), Annual World Bank Conference on Development Economics 1998. Washington D. C.: The World Bank, 1998, ss. 237-269.

LIPSEY, Richard G., Peter O. STEINER ve Douglas D. PURVIS, *Economics.* Eight Edition, New York: Harper & Row, 1987.

MEDALLA, Evlinda M., "Philippine Competition Policy in Perspective", Philippine Institute for Development Studies, *Discussion Paper Series* No: 2002-25, December 2002.

MILNER, V. ve David B. YOFFIE, "Between Free Trade and Protectionism: Strategic Trade Policy and a Theory of Corporate Demands", *International Organization.* 43, 2, Spring 1989, ss.239-72.

PAVITT, K, M. ROBINSON ve J. TOWNSEND, "The Size Distribution of İnnovating Firms in the UK: 1945-1983", *The Journal of Industrial Economics,* Vol.35, No.3, 1987, ss.297-316.

PILAT, Dirk, "Competition, Productivity and Efficiency", *OECD Economic Studies* No:27, Paris: OECD, 1996.

PORTER, M. E., M. TEKEUCHI, AND M. SAKAKIBARA, *Can Japan Compete?*, London: Macmillan Press, 2000.

RICHARDSON, J. David, "The Political Economy of Strategic Trade Policy", *International Organization.* 44, 1, Winter, 1990, ss.107-135.

SINGH, Ajit, Competition and Competition Policy in Emerging Markets: International and Developmental Dimensions, *UNCTAD G-24 Discussion Paper Series.* No: 18, September 2002.

STEGEMANN, Klaus, "Policy Rivalry among Industrial States: What Can We Learn from Models of Strategic Trade Policy?", *International Organization.* 43, 1, Winter, 1989, ss.73-100.

STENBORG, Markku "Do We Need New Competition Policy in the New Economy?", *The Finnish Economy and Society.* 2, 2002, ss.49-60.

UNCTAD, *World Investment Report 2003: FDI Policies for Development-National and Internatiınal Perspectives.* New York ve Geneva: United Nations, 2003.

UNCTAD, *World Investment Report 2000: Cross-border Mergers and Acquisitions and Development.* New York: United Nations, 2000.

VURAL, İstiklal Yaşar, Türk Dış Ticaretinde Korumacılık. İzmir: DEÜ-SBE, (Yayınlanmamış Doktora Tezi), 1999.

YARBROUGH, Beth V. ve Robert M. YARBROUGH, *The World Economy: Trade and Finance.* Third Edition, Philadelphia: The Dryden Press, Harcourt Brace College Publishers, 1994.

# ALTYAPI HİZMETLERİ, DOĞAL TEKELLER ve REGÜLASYON[1]

Coşkun Can Aktan
Dilek Başaran

## I. GİRİŞ

Enerji, haberleşme, ulaştırma vb. alt sektörlerden oluşan altyapı hizmetlerinin temel özelliklerinden birisi doğal tekel niteliğidir. Başta doğal tekel özelliği olmak üzere, taşıdığı diğer bazı nitelikler nedeniyle uzun yıllar altyapı hizmetlerinin sunumu ve finansmanı devlet tarafından üstlenilmiştir. Bununla birlikte, altyapı hizmetlerinin sunumu ve finansmanındaki bu eğilim, özellikle son 20 yılda değişim göstermiştir. Bu değişimin bir kısmını altyapı hizmetlerinin kapsadığı sektörlerdeki regülasyon uygulamaları oluşturmaktadır.

Bu çalışmanın amacı, altyapı hizmetlerinde doğal tekellerden yasal tekellere ve daha sonra da regülasyonlara uzanan değişim sürecini ortaya koymaktır. Bu amaçla öncelikle altyapı hizmetlerinin doğal tekel özelliği ele alınacak, daha sonra yasal tekellerin ve regülasyonun rasyoneli ve sonuçlarına değinilecektir. Son olarak günümüzde altyapı hizmetlerinin sunumunda değişime neden olan faktörler irdelenecektir.

---

[1] Bu çalışma daha önce şu kitap içerisinde yayınlanmıştır: C.C.Aktan, İ.Y. Vural ve D. Dileyici, Altyapı Ekonomisi, Ankara: Seçkin, 2005.

## II. ALTYAPI HİZMETLERİ ve DOĞAL TEKELLER

Altyapı hizmetlerinde görülen ölçek veya kapsam ekonomileri özelliği, doğal tekelin ana kaynağını oluşturmaktadır. Doğal tekellerin hangi durumlarda ortaya çıktığı ile ilgili çeşitli yaklaşımlar ileri sürülmüştür. Altyapı hizmetleri de doğal tekellerin özelliklerini önemli ölçüde taşıdığı için, doğal tekellerin söz konusu olduğu mal ve hizmet sınıflandırması içerisinde yer almaktadırlar. Bu kısımda öncelikle doğal tekel teorilerine ve bu bağlamda doğal tekellerin özelliklerine yer verilecek, ardından altyapı hizmetlerinin doğal tekel olarak adlandırılmalarının nedenleri ortaya konulacaktır.

### Doğal Tekel Teorisi

Bilindiği gibi, piyasada rekabetin önemli koşullarından biri çok sayıda alıcı ve satıcının yer almasıdır. Rekabetin mevcut olduğu bir piyasada üreticiler kaliteli mal ve hizmet üretmek zorunluluğu yanında, maliyetlerini minimize etme durumunda kalırlar. Üretici hayatta kalabilmek için ürettiği malın maliyetini satış fiyatının altında tutmak zorundadır.

Bununla birlikte bazı üretim dallarında, büyük ölçekli üretimin tüm potansiyel avantajlarını elde edebilmek için firmaların belli bir ölçeğin altına düşmemeleri gerekir. Üretimlerini arttırdıkça parça başına maliyetlerini düşüren büyük firmaların yanında, maliyetleri gittikçe artan küçük firmaların başarılı olmaları beklenemez. Bu şartlarda küçük firmaların piyasadan çekilmesi ve yerini genellikle şirketler düzeyinde organize olmuş büyük firmalara terketmesi kaçınılmaz hale gelir (Gwartney ve Stroup, 1999:50). Bu durumda ortaya çıkan piyasalar, tekel piyasalarıdır. Tekel piyasalarında, başka bir mal ile ikamesi söz konusu olmayan bir mal tek bir firma tarafından üretilir. Bununla birlikte, tekel piyasasında piyasaya başka firmaların girmesi açısından engeller bulunmaktadır. Tekel konumundaki firmanın amacı, üretimi marjinal getirinin marjinal maliyete eşit olduğu düzeyde tutarak karını maksimize etmektir.

Bazı sektörlerdeki mal ve hizmet üretimi, ölçeğe göre artan verim koşulunun geçerli olması nedeniyle, sürekli azalan maliyet şartları altında gerçekleşir. Yani üretim ölçeği arttıkça ortalama maliyet devamlı azalır. Bu koşul, piyasada söz konusu mal ve hizmeti üretecek veya satacak tek firmanın kalması sonucunu doğurur. Piyasada üretimi en az maliyetle gerçekleştiren tek bir firma kalır. Bu şekilde tek bir firmanın üretimi (veya satışı) gerçekleştirdiği piyasa yapısına "doğal tekel" (doğal monopol) adı verilir. Şayet bu tür sektörlerde birden fazla firma üretimde bulunursa, her firmanın ortalama maliyet düzeyinde üretimde bulunması gerekir ki, bu durumda firmalar karlarını artırmak için ürünün fiyatını düşürme durumunda kalarak kendi aralarında rekabet edeceklerdir. Bu rekabet sonucunda da sektörde tek bir firma kalacak ve bu firma doğal tekel konumunda olacaktır.

Doğal tekeller, tekel piyasa yapısı içerisinde özel bir durumdur. Tekel piyasasından farklı olarak doğal tekelde tek bir firma, iki veya daha fazla firmanın olduğu piyasa yapısına göre daha düşük birim başına maliyetle piyasadaki tüm talebi karşılayabilir.

Şekil-1'de doğal tekel yapısı görülmektedir. Dikey eksen fiyatlar genel düzeyini ve aynı zamanda firmanın hasılatını, yatay eksen ise üretim seviyesini göstermektedir. Şekilde OM ortalama maliyet eğrisini, MM ise marjinal maliyet eğrisini temsil etmektedir. Firmanın marjinal hasılat eğrisi (MH) talep eğrisinin (D) altındadır. Talep eğrisi aynı zamanda ortalama hasılat eğrisini (OH) göstermektedir. Firma karını maksimize etmek için, marjinal maliyetin marjinal hasılata eşit (MM=MH) olduğu düzeyde üretimde

($Q_1$) bulunacaktır. Burada firmanın fiyat belirleyebilmesi, sadece ürettiği mala yönelik talep eğrisine bağlıdır. Bu durumda tüketicilerin ödeyeceği en yüksek fiyat, $Q_1$ üretim düzeyindeki $P_1$ olacaktır. Yani $P_1$ firmanın uygulayabileceği en yüksek fiyattır. Toplam hasılat ile toplam maliyet arasındaki fark firmanın karıdır. $Q_1$ üretim seviyesindeki ortalama maliyet $C_1$'dir. Sonuç olarak, firma $Q_1$ üretim seviyesinde birim başına $P_1$ fiyatı uygulayarak, $C_1P_1AB$ taralı alanı kadar kar elde eder (Dillingham vd., 1992:304-305).

Şekil-1: Doğal Tekel

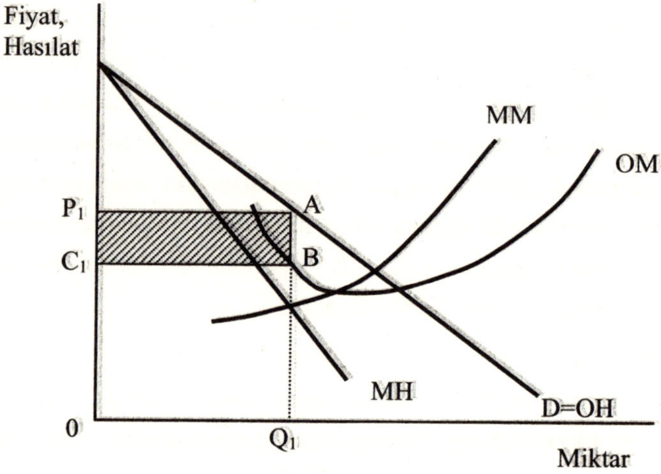


Kaynak: Dillingham vd. (1992:304)

Eğer tek firma yerine iki veya daha çok firma sektörde faaliyet gösterseydi, marjinal maliyet tek bir üretici tarafından katlanılan marjinal maliyetten çok daha fazla olacaktı (Dillingham vd., 1992:308). Bu durumda ya firmalar birleşerek tek bir firma haline gelecek ya da biri dışındakiler piyasa dışına itilecektir. Ancak firmalar arasında bir anlaşma varsa, bu firmalar atıl kapasite ile çalışmaya devam edecekler ve kaynak israfına yol açacaklardır.

Doğal tekeldeki firma sayısıyla ilgili bu iki durumdan ilki kısa süreli rekabete, ikincisi ise kaynakların etkin olarak kullanılmamasına yol açacaktır (Ardıyok, 2002:33).

Doğal tekel durumu, daha çok mevcut teknolojide bir endüstrideki üretim sürecinin özel niteliklerinden dolayı ortaya çıkar. Teorik olarak, doğal tekel, sektörün ürününe yönelik var olan talebe ilişkin olarak, çok geniş "ölçek ekonomileri"nin bulunması halinde meydana gelir. Bu durumda tek firmanın ürettiği malın miktarı ne kadar büyük ise birim başına ortalama maliyet de o kadar düşük olur Bu durum, malın üretiminin çok geniş ilk sermaye yatırımlarını gerektirdiği, fakat üretim arttıkça ek üretimin sabit ilk yatırımın ötesinde çok düşük ek maliyetleri gerektirdiği zaman oluşabilir. Bu şartlarda, piyasada en geniş paya sahip olarak başlayan firma, rakiplerinin üretim maliyetlerinden daha düşük bir düzeyde ürününü fiyatlandıran ve rakiplerini piyasanın dışına iterken bu durumda bile kar elde eden -ve sonuçta tekel durumu meydana gelene kadar, piyasadaki payı ne kadar geniş ise birim maliyetlerinin o kadar düşük olduğu bir durumda olur (Johnson, 1994-2000).

Doğal tekel teorisine ilişkin yukarıdaki görüşler, geleneksel doğal tekel teorisinin ileri sürdüğü özelliklerdir. Geleneksel yaklaşıma göre doğal tekellerin özellikleri şu şekilde özetlenebilir:

- Doğal tekel özelliği, üretim ölçeğine bağlı olarak ortaya çıkar. Üretim ölçeği arttıkça ortalama maliyetlerin azaldığı (artan verim koşulunun geçerli olduğu) piyasalarda meydana gelir. Yani ölçeğe göre artan getiri durumu söz konusudur. Buna bağlı olarak doğal tekeller ölçek ekonomilerinin söz konusu olduğu üretim alanlarında görülür.

- Söz konusu piyasada malı satan veya üreten tek bir firma bulunur. Fakat piyasada aynı malı üretecek birden fazla bulunursa, ortalama maliyet düzeyinde üretimde bulunması gereken firmalar karlarını artırmak için fiyatı azaltma yoluna gidecek ve aralarındaki rekabet sonucunda piyasada tek bir firma kalacaktır.
- Piyasaya üretici olarak girmek çok büyük sermaye yatırımlarını gerektirir. Bu koşul, piyasaya yeni firmaların girerek rekabetin sağlanmasını engeller. Doğal tekelin söz konusu olduğu endüstrilerde mal ve hizmetin üretimine başlanması için firmanın yüksek sabit maliyetleri karşılayacak bir güce sahip olması gerekir.
- Piyasaya yeni firmaların girmesi halinde toplam üretim maliyetleri artacağından bu durum ekonomik açıdan rasyonel kabul edilmez. Üretimin iki veya daha fazla firmaya nazaran tek bir firma tarafından gerçekleşmesi ekonomik açıdan daha etkindir.

Öte yandan geleneksel doğal tekel teorisinin açıklamalarını yetersiz gören modern doğal tekel teorisine göre; doğal tekel konumu sadece üretim ölçeğine bağlı olarak ortaya çıkmaz. Üretim arttıkça ortalama maliyetlerin artması halinde de doğal tekeller oluşabilir. Dolayısıyla negatif ölçek ekonomilerinin[2] (ölçeğe göre azalan getirinin) olduğu sektörlerde de doğal tekeller ortaya çıka-

---

[2] Geniş ölçekte sunum halinde, küçük ölçekte üretim halinde kullanılamayan uzmanlaşmış araç-gereç (örneğin bir makine) kullanmak olası hale gelir, işçiler daha dar bir faaliyet alanında uzmanlaşabilirler ve böylece daha vasıflı olurlar, ve girdiler geniş miktarlarda daha ucuza temin edilebilir. Eğer ölçek ekonomileri, endüstri sadece birkaç firmayı veya sadece tek bir firmayı destekleyebilecek kadar büyük ise, bir monopol tehlikesi ortaya çıkar (Roth, 1987:8).

bilir. Bu görüşe göre doğal tekel özelliğini belirleyen unsur maliyet koşulları değil, talepteki kaymadır. Öte yandan talep koşulları değişmese bile, teknolojik değişiklikler doğal tekel özelliğinin ortadan kalkmasına neden olabilmektedir.

Modern doğal tekel teorisinin en önemli temsilcilerinden biri Richard A. Posner'dir. Posner, doğal tekelin piyasadaki satıcıların sayısına değil, talep ile arz teknolojisi arasındaki ilişkiye işaret ettiğini belirtmekte ve doğal tekeli belirli bir piyasadaki tüm talebin en az maliyetle yalnızca tek bir firma tarafından karşılanabildiği bir durum olarak tanımlamaktadır. Posner'e göre bu tür bir piyasada birden fazla firmanın faaliyet göstermesi halinde, firma sayısı ya birleşme veya iflas yoluyla azalacak ya da endüstri gereğinden fazla kaynak israfına devam edecektir (Paşaoğlu, 2003:10-11).[3] Bunun yanında tekellerin tek ürün üretmeyerek çok ürün ürettiklerinin (örneğin telefon şirketinin sadece şehiriçi değil şehirlerarası ve uluslar arası telefon hizmeti sunması) de dikkate alınması gerektiği vurgulanmaktadır. Birden fazla ürünün söz konusu olduğu modellerde farklı ürünlerin birlikte üretilmesinden kaynaklanan maliyet avantajları (kapsam ekonomileri) söz konusudur. Bu nedenle çok ürünlü bir endüstride bu özellik, doğal tekelin varlığının göstergesidir (Paşaoğlu, 2003:12-13).

### Altyapı Hizmetlerinin Doğal Tekel Özelliği

Doğal tekellerin sahip olduğu özelliklerin birçoğu altyapı hizmetlerinin sunulduğu piyasalarda ortaya çıkan özelliklerdir. Öncelikle altyapı hizmetlerinin ölçek ekonomileri özelliği, yani üretim

---

[3] Posner'in doğal tekellerin regülasyonu alanındaki başlıca çalışması şudur: Richard A., Posner, Natural Monopoly and Its Regulation, Cato Institute, Washington, 1999.

ölçeğindeki artışa bağlı olarak ortalama maliyetlerde görülen azalma, bu alanlarda rekabetin ortaya çıkmasını engellemekte ve sonuçta da altyapı hizmetleri doğal tekel niteliği taşımaktadır.

Bununla birlikte iktisadi etkinlik kriterine göre altyapı hizmetlerinde rekabetçi bir piyasa yapısının oluşması, iktisadi etkinliği azaltır. Toplumun geniş bir kesiminin yararlanması gereken hizmetlerden olan altyapı hizmetlerinde rekabetçi bir hizmet sunumunun olmasının toplam maliyetleri artıracağı savunulmaktadır. Bu nedenle altyapı hizmetlerinde doğal tekel oluşumu söz konusudur. Doğal tekel oluştuğunda ise en az maliyetle en fazla çıktı alınması mümkün olacaktır.

Geleneksel iktisatçılar, altyapıda genellikle hizmetler tüketiciye bir boru hattı, yol ya da teller vb. fiziki altyapılar aracılığıyla ulaştırıldığından, tüketicinin birden fazla hat üzerinden bu hizmeti almasının tercih edilebilecek bir çözüm tarzı olmadığını ileri sürmüşlerdir (Ardıyok, 2002:34). Altyapı hizmetleri yatırım dublikasyonunun ortaya çıkabileceği hizmetlerdendir. Buna göre bir mal veya hizmetin birden fazla firma tarafından sunumu, aynı alana birden fazla yatırım yapılmasıyla sonuçlanabilir. Bu durum ekonomide kaynak israfına neden olur. Bu nedenle bu tür hizmetlerde tek bir firmanın sunumunun ekonomik açıdan daha rasyonel olduğu savunulmuştur.

## III. DOĞAL TEKELLER, DEVLET MÜDAHALESİ ve YASAL TEKELLER

Tekel piyasasında devletin mal ve hizmet üretimini veya satışını hukuksal olarak kendi tekeline almasıyla oluşan tekellere "yasal tekel" adı verilir. Yasal tekelde kanunla kurulmuş bir devlet tekeli söz konusudur. Yasal tekeller doğal tekellerin oluştuğu veya oluşumuna olanak sağlayan bir piyasa yapısının olduğu mal ve hizmet gruplarında görülür. Böylece doğal tekel yasal tekele dönüştürülmüş olur. Devletin bazı sektörlerde doğal tekellerin oluşmasına izin vermeyerek, mal ve hizmetin sunumunu kendi tekeline almasının çeşitli nedenleri olabilir. Bu nedenler şu şekilde özetlenebilir:

- ***Özel firmanın doğal tekel konumunda olması halinde kaynak israfına ve refah kaybına neden olması***

19. yüzyıl iktisatçılarından ve filozoflarından John Stuart Mill, doğal tekel koşulları altında özel firmaların israfa neden olan bir rekabete yol açtıklarını tartışan ilk kişidir. Bu nedenle Mill'e göre, altyapı yatırımlarını ve hizmetlerini devlet üstlenmelidir (Hanke, 1985:289). Mill'den sonra gelen iktisatçılar da özel tekelin ekonomide yol açtığı kaynak israfına ve dolayısıyla refah kaybına değinmişlerdir. Buna göre; doğal tekel durumu, tek firmanın satış fiyatını yükseltmesi, üretim miktarını sınırlandırması ve kaynak israfına neden olması ile sonuçlanır.

Sektörde bir firma tekel durumuna geldiği zaman, söz konusu firmanın fiyatı rekabet düzeyinin üstüne çıkararak ve üretimini rekabetçi piyasanın yol açacağı düzeyin altına düşürerek karını maksimize etmek için bu piyasadaki hakimiyetini kullanması ihtimali vardır. Fiyat, üretimin marjinal maliyetinin üzerinde oluşacağı için, teorik olarak toplam sosyal refah maksimum erişilebilir düzeyin altında olur. Bu yüzden, bazı iktisatçılar bu tür doğal tekellerin "piyasa başarısızlığı"nı ifade ettiğini ve bunun fiyatları ve fiyatın üretimin marjinal maliyetlerine daha yakın olacağı böyle bir sektörde ürün düzeyini regüle etme konusunda devlet müdahalesini gerektirdiğini savunurlar (Johnson, 1994-2000).

Tam rekabet teorisinin temel varsayımlarından biri olan marjinal maliyet-fiyat eşitliği, toplam artığı (tüketici artığı+üretici artığı) en fazla maksimize eden çözümdür. En yüksek toplam artık, marjinal maliyetin taleple kesiştiği noktada oluşmaktadır ve bu noktadan sonra gerçekleştirilecek üretim, maliyetlerin tüketici yararını aşmasından dolayı toplam artığın azalmasıyla sonuçlanacaktır (Paşaoğlu, 2003:17). Fakat marjinal maliyetin fiyata eşitlenmesi mümkün olamaz. Bunun temel nedeni, pozitif ölçek ekonomilerinin varlığıdır. Pozitif ölçek ekonomilerinde üretim artarken ortalama maliyetler azalmakta, aynı zamanda marjinal maliyet de ortalama maliyetin altında seyretmektedir. Bu nedenle marjinal maliyete dayalı bir fiyatlama firmanın zarar etmesiyle sonuçlanmaktadır. Bu durumda doğal tekellerde Pareto etkin sonuca yol açan marjinal maliyet-fiyat eşitliği "toplam refahı maksimize eden en iyi birinci sonuç" sağlanamamaktadır. Akla gelen en iyi ikinci çözüm fiyatın ortalama maliyete eşitlenmesidir. Ancak bölüşümde etkinliği sağlayan marjinal maliyet-fiyat eşitliği sağlanamadığından, bir refah kaybı söz konusudur (Paşaoğlu, 2003:17-19).

Şekil-2: Doğal Tekelin Neden Olduğu Refah Kaybı

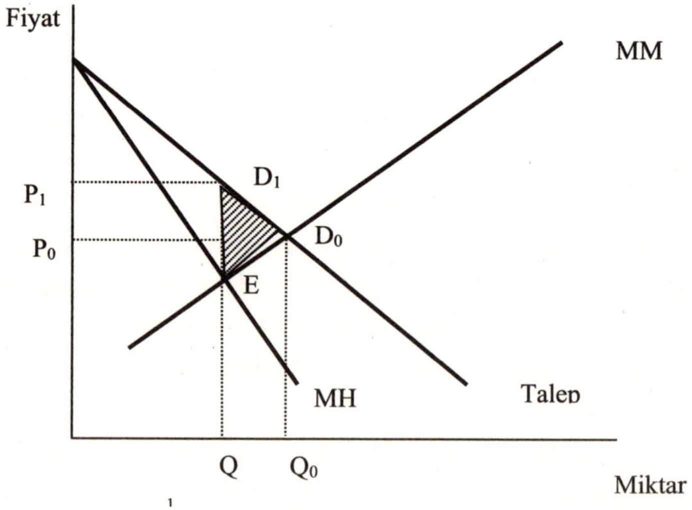

Şekil-2'de yatay eksen üretim miktarını, dikey eksen ise fiyat düzeyini göstermektedir. Bilindiği gibi, tam rekabet şartları altında fiyatın marjinal maliyete eşit ($P_0$=MM) olduğu noktada ortaya çıkan fiyat ($P_0$) ve üretim düzeyi ($Q_0$) ekonomik açıdan en etkindir. Fakat doğal tekel durumunda tekelci firma bu fiyattan zarar edecek ve bu koşullarda üretimde bulunmak istemeyecektir. Bu durumda firma karını maksimize etmek için marjinal maliyetin marjinal hasılata (MM=MH) eşit olduğu noktadaki fiyat ($P_1$) ve üretim düzeyinde ($Q_1$) bulunmak isteyecektir. Bu denge düzeyi ($D_1$), ekonomik açıdan etkin olan noktaya ($D_0$) göre daha yüksek fiyat ve daha düşük üretim düzeyi ile sonuçlanır. Bu durumda doğal tekel konumundaki firma $ED_1D_0$ üçgeninin (taralı alan - Harberger üçgeni olarak adlandırılır) alanı kadar refah kaybına neden olacaktır.

Posner'e göre; tekel karını elde etmeye yönelik bir imkanın olması, kaynakları tekel konumunu elde etmeye yönelik çabalara yönlendirecektir ve bu kaynakların fırsat maliyetleri de tekelin sosyal maliyetlerinden olur. Yani doğal tekelin yol açtığı sosyal maliyet sadece refah kaybını içermez, bunun yanında tekel konumunu elde etmeye yönelik çabalar sonucunda ortaya çıkan ek kayıpları da kapsar (Posner, 1974:1-2).

- *Çapraz sübvansiyon argümanı*

Bazı doğal tekel mallarının sunumu birden fazla alt-hizmeti kapsayan bir yapı arzeder. Yani bazı hizmet yapısı içerisinde birden fazla ürünün üretimi gerçekleşmektedir. Daha önce belirtildiği gibi, bu özellik söz konusu ürünleri üreten firma açısından bir maliyet avantajı sağlamakta ve kapsam ekonomilerine neden olmaktadır. Örneğin haberleşme hizmeti posta ve telekomünikasyon alt hizmetlerinden, elektrik hizmeti elektrik üretimi, iletimi ve dağıtımı gibi alt hizmet gruplarından oluşur. Bu tür hizmetlerde alt hizmetlerinin birinden kar diğerinden ise zarar edilmesi halinde, alt hizmetlerden birinin geliriyle diğerinin zararı karşılanabilir. Bu duruma "çapraz sübvansiyon" adı verilir. Doğal tekel konumunda ise firmanın zarar ettiği alt hizmet türünü devam ettirmesi söz konusu olmayacaktır. Bu durum söz konusu sektörlerde yasal tekellerin ortaya çıkmasının nedenlerinden birini oluşturur.

Çapraz sübvansiyon argümanını bir örnekle açıklamak yerinde olacaktır. Örneğin haberleşme hizmetlerinde posta ve telekomünikasyon hizmetlerinden oluşan ikili bir yapı mevcuttur. Posta hizmetlerinde düşük gelirli kimselerin korunması amacıyla devlet tarafından fiyat tarifeleri maliyetinin altında tutularak, bir tür sübvansiyon uygulaması yapılmaktadır. Posta hizmetleri esasen emek-yoğun bir hizmettir ve yüksek maliyetlidir. Buna karşı telekomünikasyon sermaye-yoğun bir hizmettir. Posta hizmetlerinde devletin genellikle uğradığı zarar aynı kurum bünyesinde sürdürülen telekomünikasyon hizmetleri gelirleri ile karşılanmaktadır (Aktan, 2002:211).

Çapraz sübvansiyon aracılığıyla, kamu girişimi daha çok insana -özellikle maliyetlerin daha yüksek olduğu kırsal alanlara- hizmet ulaşmasına imkan sağlar. Bu sayede tüm sistemin değeri (bu değer ulaşılabilen abone sayısına bağlıdır) artar ve geniş kalkınma politikalarını (örneğin fiziksel altyapının ülke geneline yayılması) destekler (Roth, 1987:166).

- ***Stratejik önem argümanı***

Doğal tekellerin yasal tekellere dönüştürülmesindeki temel argümanlardan biri de bu sektörlerin ülkeler açısından stratejik öneme sahip olduğu düşüncesidir. Buna göre doğal tekel konumunda özel firma (bu firma yabancı sermaye kaynaklı bir firma da olabilir) sahipliğinin, ülkenin savunması, güvenliği ve bağımsızlığı açısından tehlikeli sonuçlar doğurabileceği düşünce hakimdir. Bu nedenle bu tür hizmetlerde yasal tekellerin oluşturulması uygun görülmüştür. Bu sayede yabancı ülkelerin bu piyasalardaki hakimiyetine engel olunabilecek ve ülke içinde çok uluslu şirketlerin etkisi azaltılabilecektir.

- ***Tüketicinin korunması gereği***

Doğal tekellerin üretici rantına neden olması dolayısıyla hem yüksek fiyat hem de yetersiz ve düşük kaliteli üretimle sonuçlanmasının tüketicilere yüklediği maliyet önemli boyutlara ulaşabilir. Piyasada tekel haline gelen firmanın, bu konumunu tüketici aleyhine bu şekilde kötüye kullanmasının önlenmesi gerekmektedir. Bu durumda genellikle devlet, söz konusu mal ve hizmetin üretimini kendi tekeli altında gerçekleştirerek tüketicinin doğal tekel tarafından sömürülmesi ihtimalini önlemiş olur.

Öte yandan bu tür piyasalarda birden fazla özel firmanın faaliyet göstermesi halinde ise teknik olarak uygun olmayan birden çok yerel sistemin ortaya çıkmasına neden olacaktır. Bu durum maliyetlerin artmasına yol açacak ve tüketiciler açısından sakıncalı olacaktır (Roth,1987:166).

- ***Batık maliyetlerin varlığı***

Doğal tekellerin önemli ölçüde batık maliyetleri içermesi, bu tür üretim alanlarında devlet tekelinin oluşturulmasına gerekçe oluşturmaktadır.

Batık maliyetler, bir sektörde faaliyet gösteren bir firma ile o sektöre girmeyi planlayan firma arasında bir asimetri meydana getirir. Piyasaya girmeyi planlayan firma ile piyasada faaliyet gösteren firma aynı konumda değildir, çünkü piyasada yer alan firma geri alamayacağı fonları harcamış durumdadır. Yeni firma piyasaya girip girmeme konusunda karar verirken, piyasadaki mevcut kar ve fiyat seviyesine bakmaz, piyasaya girdikten sonraki fiyat ve kar düzeyi ile ilgilenir. Mevcut fiyatlar ortalama maliyetin üzerinde olsa bile, yeni girecek olan firma, piyasada faaliyette bulunan firmanın piyasadan çıkarak değil, fiyatı düşürerek ve böylece girişi daha karsız hale getirerek cevap vereceğine inanabilir. Üstelik, batık maliyetler önemli olduğunda, yeni girecek olan firma, giriş nedeniyle yapacağı bütün harcamaları geri alamamaktan endişe duyar. Böylece, piyasadaki firmanın piyasadan mı çıkacağı, yoksa fiyatları mevcut yüksek seviyesinde tutacağını kestiremediği için piyasaya girmek istemeyecektir (Stiglitz, 2000:192-193).

Görüldüğü gibi batık maliyetler, doğal tekelin olduğu bir sektöre yeni firmaların girişi konusunda bir engel oluşturmaktadır. Bu nedenle söz konusu üretim faaliyetlerinin rekabete açılmasının mümkün olmadığı savunularak, piyasada faaliyet gösteren bir firmanın tekel gücünü kötüye kullanmasını önlemek amacıyla yasal tekeller oluşturulmuştur.

Özetle, doğal tekelin ekonomide kaynak israfına ve refah kaybına yol açması, çapraz sübvansiyon durumu, stratejik önem, tüketicinin korunması ihtiyacı ve batık maliyetlerin rekabeti önlemesi gibi nedenler doğal tekellerin devlet tekeli haline dönüştürülmesinin gerekçesini oluşturmaktadır. Öte yandan devlet, doğal tekellerin söz konusu olduğu alanlarda yasal tekeller oluşturmak yerine, bu alanları özel sektöre açabilmekte ve özel firmaların faaliyetlerini düzenlemeye tabi tutabilmektedir.

## IV. ALTYAPI HİZMETLERİNİN REGÜLASYONU

Regülasyon, geniş anlamda "sosyal ve ekonomik politika amaçlarını gerçekleştirmek için yasal araçların kullanımı" olarak tanımlanır (Hertog, 1999:223). Örneğin; devlet ekonomik etkinlik, istikrar, adil gelir dağılımı gibi amaçları gerçekleştirmek için sosyal ve ekonomik regülasyonları uygulayabilir (Aktan, 2003:3). Bu tanım kapsamında uzun yıllar, yukarıda sayılan gerekçelerle, altyapı hizmetlerinde devlet hizmet sunumunu üstlenmiştir. Müteşebbis olarak altyapı sektöründe yer alan devlet, bu alanda özel sektör üretimine izin vermeyerek yasal tekeller oluşturmuştur.

Altyapı hizmetlerinde yasal tekellerin yer aldığı dönemlerde ülkelerin mali disiplinsizlik sorunu içinde karşı karşıya kaldıkları finansman sorunu, bu hizmetler yönelik devlet yatırımlarının sınırlı tutulmasına neden olmuştur. Bunun yanında, hizmet kalitesindeki düşüşler ve maliyet artışları ortaya çıkmıştır. Öte yandan nüfus artışı, kentleşme vb. unsurların etkisiyle altyapı hizmetlerine giderek artan talep, bu hizmetlerin sunumu ve finansmanında devleti hizmetleri özel sektöre açmayı zorunlu kılan faktörlerdendir.

Kamusal mülkiyetin bir regülasyon tarzı olarak uğradığı bu başarısızlık, kamusal çıkarlarla yakından ilgili olan iktisadi faaliyet kollarında işletmesinin özel sektörün elinde bulunduğu ama oyunun kurallarının bağımsız, uzmanlaşmış kurumlar ya da otoriteler tarafından tanımlandığı, yürürlüğe konduğu ve denetlendiği alternatif bir regülasyon tarzını gündeme getirmiştir (Müftüoğlu ve Karabudak: 7-8).

Altyapı hizmetlerinde doğal tekellerin ortaya çıkması nedeniyle devletin oluşturduğu yasal tekeller yerine, özel tekellerin regülasyonu gündeme gelmiştir. Regülasyona yönelik hukuki düzenlemeler (rekabet hukuku, antitrust hukuku vb.) ve doğal tekellerin regülasyonu tüketicileri tekelci fiyatlardan, düşük kaliteli hizmetlerden ve kartelci firma davranışlarından korumak amacıyla oluşturulurlar. Ayrıca piyasalarda bir firmanın hakimiyetinden kaynaklanan hakim durumun kötüye kullanılmasından diğer firmaları korumak fonksiyonlarına da sahiptir (Parker,2001:8). Doğal tekelin herhangi bir regülasyon olmaksızın faaliyette bulunduğu sektörlerde toplumsal açıdan refah kaybının ortaya çıkacağı savunularak çeşitli yöntemlerde regülasyona gidilmektedir. Doğal tekeller temel olarak çeşitli şekillerde regüle edilebilmektedir: Kar regülasyonu, fiyat regülasyonu, piyasaya giriş regülasyonu, hizmet kalitesi regülasyonu gibi. Altyapı hizmetlerinde en yaygın olarak kullanılan regülasyon türleri fiyat ve piyasaya giriş regülasyonlarıdır.

## V. ALTYAPI HİZMETLERİNDE MONOPOLİZASYONUN VE REGÜLASYONUN ETKİLERİ VE SONUÇLARI

Doğal tekellerin çeşitli gerekçelerle yasal tekeller haline getirilmesi veya tekelleşmenin veya tekelleşme eğiliminin olduğu piyasaların çeşitli şekillerde regülasyonlara tabi tutulması son derece önemli sonuçlar doğurmaktadır. Doğal tekellerin söz konusu olduğu altyapı hizmetlerinin yasal tekeli veya kamu regülasyonunu gerektirip gerektirmediği de son derece tartışmalı bir husustur. Günümüzde altyapı hizmetlerinin bazılarında önemli ölçüde devlet tekeli ortadan kaldırılmışken, bunun yerini daha çok regülasyonların aldığı söylenebilir. Öte yandan yasal tekeller daha çok topluma yüklediği maliyetler, etkinsizlik ve düşük hizmet kalitesi nedeniyle eleştirilmektedirler.

Yasal tekellerdeki maliyet etkinsizliği sonucunda oluşan açıkların (KİT açıklarının) toplam kamu açıkları içerisinde önemli bir paya sahip olması, özel tekelin neden olduğu refah kaybına benzer bir şekilde, devlet tekelinin de toplumsal açıdan ciddi maliyetlere yol açabildiğini göstermektedir. Devlet tekelinde sunulan altyapı hizmetlerinin oluşturduğu bu yük, genel olarak vergi mükelleflerine yeni vergiler ve/veya vergi oranlarının artırılması aracılığıyla yansıtılmaktadır. Yasal tekellerin tutarlı bir üretim, fiyat, istihdam, hammadde temini, yatırım ve finansman politikası belirleyememeleri ve bu politikalarda siyasi faktörlerin etkili olması söz konusu mali sorunların temelinde yatan en önemli faktörlerdir.

Aynı zamanda yasal tekellerin iflas tehlikesinin olmaması da etkinsizliğe yol açmaktadır. Amerikalı iktisatçı Harvey Leibenstein'a göre tekel piyasalarında firma tek satıcı konumunda olduğundan maliyetlerini minimize etme çabasında olmayacak, öte yandan da maliyeti ne olursa olsun, bu maliyetin üstünde fiyat uygulayabilecektir. Leibenstein'in X-etkinsizlik olarak tanımladığı bu durum, yasal tekellerde de ortaya çıkmaktadır (Aktan ve Özkıvrak, 1999:12).

İster özel olsun isterse devlet tekeli şeklinde olsun, tüm tekeller toplumda refah kaybına neden olurlar, çünkü tekelci üretimini azaltma ve böylece fiyatı ve karını artırma eğilimindedir. Tekelci firmanın bu davranışı, piyasada "suni kıtlık" ile sonuçlanır (Aktan, 2003:16) . Bu konuda çalışmalar yapan iktisatçılardan biri Gordon Tullock'tur. Tullock'a göre özel veya yasal tüm tekellerin yol açtığı önemli bir refah kaybı bulunmaktadır[4].

Yasal tekellerin kaldırılması durumunda devreye giren regülasyonlar ise piyasadaki tekelci konumun kötüye kullanılmasının önlenmesi veya birden fazla özel firmanın faaliyeti halinde etkin rekabetin sağlanması açısından önemlidir. Öte yandan regülasyonların da yasal tekeller gibi toplumsal açıdan yol açtığı maliyetlerin değerlendirilmesi gerekmektedir. Bu nedenle regülasyon politikalarına ne zaman ihtiyaç duyulduğunun ve regülasyonun ne şekilde uygulanacağının belirlenmesi son derece önemlidir. Bu bağlamda mevcut regülasyon uygulamaları çeşitli açılardan eleştirilmektedir.

---

[4] Tullock'un bu konudaki görüşlerine daha sonra ayrıntılı olarak yer verilecektir.

Uzun süreli doğal tekellerin olması ve potansiyel olarak sosyal açıdan optimum fiyat ve ürün düzeyinden farklara neden olması durumunda bile, gerçekte regülasyon kurumlarının teorik olarak optimuma yakın ürün ve fiyatlara neden olacağını beklemek için teoride ve tarihsel deneyimde çok az neden vardır, çünkü uygulamada düzenleyici politikalar, marjinal maliyete eşit fiyatı istemekten ziyade, hemen hemen her zaman keyfi politik (özellikle regüle edilen sektörün kendisinden gelen) baskılara çok daha duyarlıdır (Johnson, 1994-2000).

Regülasyonların eleştirildiği en önemli noktalardan biri de neden oldukları regülasyon maliyetleridir. Regülasyon maliyetleri çeşitli şekillerde ortaya çıkabilir: (a) Doğrudan idari maliyetler ve uyum maliyetleri, özel firmaların ve devletin katlandığı maliyetlerdir. (b) İşgücü ve sermaye maliyetleri, regülasyondan sorumlu düzenleyici kurumlardan (regulatory bodies) kaynaklanan maliyetlerdir. (c) Dolaylı maliyetler ise; regülasyonları uygulamanın ve regülasyonlardan kaçınmanın bir sonucu olarak ortaya çıkan ve özel firmaların ve tüketicilerin katlandıkları maliyetlerdir (Parker, 2001:13). Birçok iktisatçı regülasyonun sağladığı sosyal faydalar kadar, neden olduğu sosyal maliyetlerin de dikkate alınması gerektiğini savunmaktadırlar.

Regülasyon politikalarının değerlendirilmesine ilişkin olarak yapılan en önemli çalışmalardan biri Chicago yaklaşımı içerisinde yer alan ve George Stigler tarafından 1971 yılında kaleme alınan "Regülasyonun Ekonomik Teorisi" (The Economic Theory of Regulation) başlıklı çalışmadır.[5] Stigler'e göre; düzenleyici kurumlar üreticiler tarafından ele geçirilir. Stigler'in teorisinde, politik ak-

---

[5] Bkz: Stigler, George., *"The Theory of Economic Regulation"*, *Bell Journal of Economics and Management Science*, Vol. 2, 1971, pp. 3-21.

törlerin "kamu çıkarı" değil, fayda maksimizasyonu içinde olduğu varsayılır. Bu fayda fonksiyonu, politik gücün korunmasını ve devam etmesini kapsar. Politikacının bu amacına ulaşması için, seçmenlerin oyuna ve paraya ihtiyaçları vardır. Bu kaynaklar, regülasyon politikalarından etkilenen gruplar tarafından sağlanabilir. Dolayısıyla firmalar kaynaklarını ekonomi açısından verimli alanlarda değerlendirmek yerine, kendilerine fayda sağlayan politik kararların alınması ve uygulanması için politikacılarla pazarlık etmek için harcarlar. Stigler'e göre firmalar her zaman rekabeti azaltan ve ekonomik rantları maksimize eden regülasyonlardan yana olacaklardır (Aktan, 2003:13).

Yine Chicago yaklaşımı içerisinde değerlendirilen bir başka çalışma da Sam Peltzman tarafından yapılmıştır. Peltzman'a göre regülasyona yönelik yasal düzenlemeler, refahı yeniden bölüştürmektedir. Yasama organı üyelerinin davranışlarındaki temel motivasyon, mevkilerini koruma arzusudur; bu durum yasal düzenlemelerin politik desteği en fazla sağlayacak şekilde oluşturulacağı anlamına gelmektedir. Çıkar grupları kendi lehlerine yönelik yasama faaliyetine karşılık politik destek önermektedir (Paşaoğlu, 2003:28-29). Peltzman'a (Hertog, 1999:238) göre; düzenleyici kurum için temel problem etkin regülasyondur. Etkin regülasyon için çıkar gruplarından politikacılara doğru gerçekleşecek gelir transferinden kaynaklanan oylardaki kazancı, mal ve hizmetlerin fiyatlardaki artıştan kaynaklanan oy kayıplarına eşitleyecek fiyat seviyesinin seçilmesi gerekir.

Chicago yaklaşımından farklı olarak ekonomik regülasyonlara ilişkin Virginia yaklaşımı çerçevesinde değerlendirilen görüşler ise Kamu Tercihi teorisyenleri tarafından ileri sürülmüştür. James M. Buchanan, Gordon Tullock, Robert Tollison'un başını çektiği Kamu Tercihi teorisyenleri, regülasyon teorisi konusunda "rant kollama" faaliyetleri üzerinde durmuşlardır. Regülasyon uygulamalarında rant kollama faaliyetlerini inceleyen Kamu Tercihi teorisi, hem Stigler'in hem de Peltzman'ın geliştirdiği teorilere göre regülasyona ilişkin açıklamalarında çok daha eleştirel bir yaklaşım sergilemişlerdir (Aktan, 2003:15).

Kamu tercihi teorisyenlerine göre, rant kollama faaliyetleri devlet regülasyonunun bir sonucudur ve rant kollama maliyetleri bir regülasyon maliyetidir. Devlet ekonomiye müdahale ettiği ve regülasyonlar uygulamaya koyduğu zaman, bireyler kendilerine refah transfer etmek için hükümeti etkilemeye çalışırlar. Bu nedenle lobi grupları, kaynakları regülasyonların, tarifelerin ve kotaların oranını, yapısını ve şeklini etkilemek için harcayacaklardır (Brown ve Jackson, 1994:58).

Rant kollama; hükümet tarafından getirilen tekel hakkını elde etmek için bireylerin ve grupların kıt kaynakları harcadıkları politik faaliyetleri ifade eder. Rant kollama konusunda önemli çalışmalar yapan Tullock; doğal tekelin yol açtığı etkinsizliğin sadece "Harberger Üçgeni" olarak bilinen alan kadar değil, tekel hakkını elde etmek için potansiyel firmalar arasında rekabetin etkinsizliği arttırdığını belirtmiş ve bu etkinsizlik *"Tullock Dikdörtgeni"* olarak adlandırılmıştır (Hertog, 1999:243-244).

Şekil-3, gerek doğal tekel gerekse devlet tekeli halinde ortaya çıkan refah kayıplarını göstermektedir. Yatay eksende satılan malın miktarını, dikey eksen de malın fiyatını göstermektedir. PP doğrusu rekabet ortamında malın maliyetini, dolayısıyla fiyatını ifade etmektedir. DD talep eğrisi ile birlikte, Q kadar mal P fiyatından satılacaktır. Eğer piyasada tekel hali söz konusu olursa, Q' kadar mal P' fiyatından satılacaktır. Geleneksel tekel teorisine göre Q' ile Q arasındaki miktarın satın alınması ile ortaya çıkan tüketici rantını gösteren taralı üçgen aynı zamanda toplumdaki net kaybı göstermektedir. Diğer taraftan taralı dikdörtgen ile gösterilen alan ise tüketiciden tekelciye yapılan bir transferin ifadesidir. Kar peşinde koşan iş adamları bir tekel hakkı elde etme çabası içindedirler. Bu tekel özel bir tekel olabileceği gibi devletçe desteklenen bir tekel de olabilir. Bunlar, tekel hakkı elde etme olasılığını artıran her türlü faaliyete paralarının son kuruşuna kadar yatırım yaparlar. Buradan hareketle şekildeki taralı dikdörtgen alanı kadar harcama yapılmıştır (Tullock, 1994a:177-178).

Tullock (1967), *"Tarifelerin, Tekellerin ve Hırsızlığın Refah Maliyetleri"* (The Welfare Costs of Tariffs, Monopolies and Theft) başlıklı makalesinde (Tullock, 1994b:199-208); tekellerin yol açtığı refah maliyetinin sadece taralı üçgen alanından ibaret olmayarak, firmaların monopol kollama amacıyla yaptıkları harcamaların yol açtığı refah kaybını gösteren ve üçgenin solunda kalan dikdörtgen alanını da kapsadığını ileri sürmektedir.

Şekil-3: Monopol Kollama

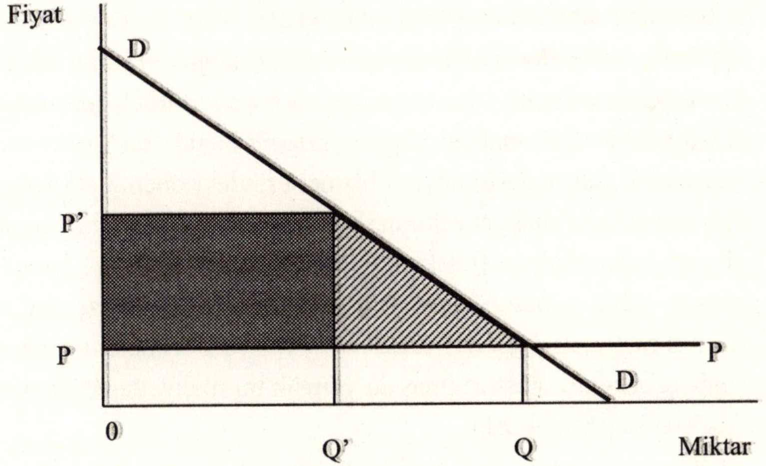


Kaynak: Tullock (1992:177)

## VI. DEĞİŞİM TRENDLERİNİN DOĞAL TEKELLER ÜZERİNDEKİ ETKİSİ

Günümüzde bazı nedenlerle birçok sektör ölçek ekonomileri ve dolayısıyla doğal tekel özelliğini kaybetmiş ve rekabete açılmış durumdadır. Altyapı hizmetlerinin doğal tekel yapısını değiştiren faktörler şu şekilde sınıflandırılabilir:

***Teknolojik Gelişmeler:*** Teknolojik değişim, doğal tekeller üzerinde etkisini iki şekilde gösterebilmektedir. Birinci etki, teknolojik yenilikler sayesinde doğal tekellerdeki maliyet yapısının değişmesidir. İkinci etki ise yine teknolojiler sayesinde bazı altyapı hizmetlerinin doğal tekel özelliğinin ortadan kalkarak sektörün rekabetçi bir yapıya uygun hale gelmesi ve tekel niteliğindeki mallarla ikame edilebilecek yeni mal ve hizmet türlerinin ortaya çıkmasıdır. Bu iki etki, özellikle telekomünikasyon ve elektrik sektöründe önemli değişimlere neden olmaktadır. Bu nedenle teknolojik yeniliklerin yol açtığı bu etkileri her iki sektörde yol açtığı değişimi esas olarak incelemek mümkündür.

Doğal tekellerde ölçek veya kapsam ekonomilerinin varlığı, veri teknoloji düzeyinde ortaya çıkmaktadır. Yani üretim arttıkça ortalama maliyetlerin azalması mevcut teknoloji veri kabul edildiğinde görülmektedir. Oysa teknolojideki başdöndürücü gelişmeler doğal tekellerdeki maliyet yapısını önemli ölçüde değiştirmiştir. Teknolojik gelişmelerin altyapı hizmetlerindeki önemli etkilerinden biri şebeke maliyetlerini azaltmalarıdır. Bilindiği gibi, birçok altyapı hizmetlerinin (telekomünikasyon, elektrik, su ve kanalizasyon gibi) sunumu gerekli şebekenin kurulması açısından önemli maliyetleri gerektirmektedir. Oysa yeni teknolojiler sayesinde şebekenin oluşturulmasına yönelik bu maliyetlerde önemli düşüşler sağlanmaktadır.

Örneğin telekomünikasyon sektörü mikroelektronik, optoelektronik, sabit ve mobil internet platformlarındaki ilerlemelerin ve diğer yeni teknolojilerdeki çeşitliliğin bir sonucu olarak devrimsel değişikliklere sahne olmuştur. Bu yenilikler, sektörün maliyet yapısını önemli ölçüde değiştirmiş ve verimlilikte sürekli artışlarla sonuçlanmıştır. Teknoloji, telekomünikasyon şebekelerinin birçok bölümünde rekabeti artırmıştır. Örneğin telekomünikasyon sektörüne yeni giren firma sayısındaki artış 1996 yılında yüzde 24'ten 2000'de yüzde 34'e yükselmiştir (Kessides, 2004:39).

Aynı zamanda telekomünikasyon sektöründe yine teknolojik yeniliklerin etkisiyle ikame edilebilir yeni mal ve hizmetler üretilmeye başlanmıştır. Bu alanda gittikçe telefon hattı hizmetleri yerine geçen hücresel telefonlardaki hızlı artış, ölçeğin ve doğal tekelin öneminin azalmasında büyük bir rol oynamıştır. Zamanla telsiz teknolojisinin maliyetleri azalmış ve bugün birçok durumda (örneğin abone yoğunluğunun düşük olduğu alanlarda) telefon hattından daha ucuz hale gelmiştir. Bunun bir sonucu olarak gelecekte bu hizmetlerin, giderek diğerinin yerini alacağı tahmin edilmektedir. Üstelik, telsiz teknolojisindeki ortalama maliyet eğrilerinin çok daha düz olması, ölçekteki artışın önemli maliyet avantajları sunmadığını göstermektedir. Bugün yerel telekomünikasyon hizmetlerinin sunumunda çok sayıdaki firmanın rekabeti, tekel konumuna göre daha maliyet etkindir (Kessides, 2004:40-41).

Aynı şekilde elektrik sektöründeki yeni teknolojiler de, elektrik üretim firmalarının minimum etkin ölçeğini, yeni birimlerin yatırım maliyetlerini ve yeni fabrikalar inşa etmek ve planlamak için ihtiyaç duyulan zamanı azaltmıştır (Kessides, 2004:38). Teknolojik gelişmeyle beraber işletme maliyetleri daha düşük olan doğalgaz çevrimli santrallerin ortaya çıkması, son yıllarda bu sektördeki yatırımları önemli ölçüde etkilemiş ve bu tür santrallerin sayısında gelişmiş ülkelerde kömürle çalışan üretim tesislerine göre hızlı bir artış görülmüştür (Paşaoğlu, 2003:39). Elektrik sektöründeki bu değişim, daha düşük ölçekte üretimi mümkün kılmıştır.

***Ölçek Ekonomilerindeki Değişim:*** Her ne kadar doğal tekellerde üretilen mal ve hizmet miktarı arttıkça ortalama maliyetler düşmekte ise de, bazı durumlarda üretilen mal ve hizmet miktarındaki artış devam etse bile, uzun dönem ortalama maliyetler azalmayıp sabit kalabilmektedir. Bu tür piyasaya verilebilecek en uygun örnek uzak mesafe telefon görüşmeleridir. Düşük görüşme sayılarında maliyet sürekli düşerken, belirli bir kapasiteye ulaşılınca maliyetler sabitleşmeye ve hatta artmaya başlar(Ardıyok, 2002:34-35).

Doğal tekellerdeki maliyet yapısındaki değişim sayesinde bugün bazı sektörlerde düşük ölçekte üretim söz konusu olabilmektedir. Bunun anlamı doğal tekel özelliğinin ortadan kalkarak küçük firmaların da sektöre girebilmesi ve böylece rekabetçi bir yapının oluşturulabilmesidir.

***Kapsam Ekonomilerindeki Değişim:*** Bir firmanın birden fazla ürün üretmesinden kaynaklanan maliyet düşüşleri, doğal tekellerin ve buna bağlı olarak da yasal tekellerin oluşturulmasıyla sonuçlanmakla birlikte, önceden kapsam ekonomileri olarak tanımlanan bazı altyapı hizmetlerinin kapsam ekonomileri olmadığı ortaya çıkmıştır. Bu durum teknolojik gelişmeyle birlikte tek bir firma tarafından üretilen iki ürünün farklı düzeyde teknolojik sahip olduğunun anlaşılmasından kaynaklanmaktadır. Örneğin haberleşme hizmetlerinde telekomünikasyon hizmetlerinin teknoloji yoğun olması, posta hizmetlerinin ise daha çok emek yoğun bir hizmet niteliğini taşıması, bu iki hizmetin bölünerek rekabete açılabileceğini ortaya koymuştur. Böylelikle her iki hizmetin farklı firmalar tarafından sunumuna ve rekabete açılmasına olanak sağlanmıştır. Benzer bir durum elektrik sektöründe de görülmektedir.

***Piyasalarda Rekabeti Sağlayıcı Yeni Ekonomi Teorilerinin Ortaya Çıkması:*** Geleneksel ekonomi teorisinde çeşitli gerekçeler, doğal tekellerin ortaya çıkmasına ve doğal tekellerin yol açtığı etkinsizlik nedeniyle yasal tekellerin oluşturulmasına zemin hazırlarken, bu alanda yeni teorilerin ortaya çıkması doğal tekellere yönelik bu bakış açısının değişmesinde etkili olmuştur. Daha ziyade firma davranışlarını inceleyen bu yeni teoriler doğal tekellerin söz konusu olduğu sektörler için rekabetçi çözüm önerileri sunmaktadır.

Doğal tekellerde piyasaya giriş için rekabeti öneren "Demsetz Rekabet Teorisi", piyasaya girme potansiyeli olan diğer firmaların tehdidi ile belirli şartlarda rekabetçi çözümlerin sağlanabileceğini savunan "Yarışabilir Piyasalar Teorisi" ve bir hizmetin alternatif arz şekilleri arasındaki rekabet oluşabileceğini ve bu rekabete açılabileceğini öneren "Chamberlinian Tekelci Rekabet Teorisi", doğal tekel piyasalarının rekabete açılmasını sağlayıcı çözüm önerileri sunmaktadırlar. Bu rekabetçi çözümler[6] bir sektördeki teknolojiye bağlı olarak belirli şartlar altında uygulanabilmektedir. Regülasyonda reformların başlaması ile her üç teori de uygulama

---

[6] Söz konusu teorilerle ilgili ayrıntılı bilgi için bkz.: Recep Çakal, Doğal Tekellerde Özelleştirme ve Regülasyon, DPT Uzmanlık Tezleri, Yayın No : DPT: 2455, İktisadi Sektörler ve Koordinasyon Genel Müd. Sektör Programları Dairesi, Temmuz 1996, http://ekutup.dpt.gov.tr/kit/cakalr/te kel.pdf, s.33-36; M. Ömür Paşaoğlu, Doğal Tekellerde Regülasyon ve Rekabet –Bir Örnek: İngiliz Elektrik Sektörünün Yeniden Yapılandırılması, Rekabet Kurumu, Uzmanlık Tezleri Serisi No:14, Ankara, 2003, s.31-37; Şahin Ardıyok, Doğal Tekeller ve Düzenleyici Kurumlar, Türkiye İçin Düzenleyici Kurum Modeli, Rekabet Kurumu, Ank., 2002, s.64-69; Harold Demsetz, "Why Regulate Utilities", Journal of Law and Economics, 11, 55–66, 1968; W. Baumol, J. Panzar and R. Willig, Contestable Markets and Theory of Industry Structure, Harcourt, Brace, Javonovich, New York 1982; Steven Brakman and Ben J. Heijdra, "Introduction", in: The Monopolistic Competition and Revolution in Retrospect, (ed. Steven Brakman and Ben J. Heijdra), Cambridge University Press, UK. 2004, pp.1-45; E.H. Chamberlin, The Theory of Monopolistic Competition, Cambridge, Mass., Harvard Uni. Press, 1933.

alanı bulmuş ve daha önceleri doğal tekel olarak değerlendirilen birçok sektör rekabete açılmıştır. Günümüzde doğal tekel olarak değerlendirilen birçok altyapı hizmetinde teknolojinin gelişerek ekonomik ölçeği küçültmesi veya bu hizmetlerin bir kısmında bazı faaliyetleri rekabete açık alt kısımlara bölme olanağı sağlaması veya pazarın büyüyerek birden fazla firmanın üretimini daha ekonomik hale getirmesi durumunda bu hizmet alanlarının bir kısmı doğal tekel özelliklerini kaybetmektedirler (Çakal, 1996.35).

***Ekonomik Değişim Trendlerinin Etkisi:*** Özellikle 1980'li yıllardan itibaren tüm dünyayı etkisi altına alan ekonomik değişim trendleri; globalleşme, serbestleşme ve özelleştirmedir. Bu değişim trendleri bir etkisini de doğal tekeller üzerinde göstermektedir.

Globalleşme olgusu ile birlikte, bir yandan devletin altyapı hizmetlerindeki rolü tartışılmaya başlanırken, diğer yandan da bu tür hizmetlere olan talebin artması sonucunda söz konusu hizmetlerin devlet tarafından sunumunu daha etkin bir şekilde gerçekleştirilmesi gerektiği savunulmuştur. Globalleşme sonucunda rekabetin öneminin artması ile birlikte ülkelerin rekabet gücünü artıracak unsurlara daha fazla önem verilmeye başlanmıştır. Bu amaçla ekonomik büyümenin sağlanması (veya ekonomik büyüme hızının artırılması) temel hedeflerden biri olarak ön plana çıkmıştır. Bu noktada altyapı hizmetleri ile ekonomik büyüme arasındaki yakın ilişki, bu hizmetlerin etkin bir şekilde sunumunu kaçınılmaz hale getirmiştir. Belirli bir düzeyde altyapı hizmetinden yararlanma olanağının bulması bir ülkede refahın göstergelerinden biri olarak kabul edilmektedir. Özellikle globalleşme olgusuyla birlikte, düşük gelirli ülkelerde artan refah azalışları, bu hizmetlerin sunumunun önemini artırmaktadır. Öte yandan altyapı hizmetlerinin üretiminde ağırlıklı olarak kullanılan fosil yakıtların (kömür, petrol vb.) yol açtığı global ısınma ve iklim değişiklikleri, günümüzde bu hizmetlerde çevreyle dost enerji kaynaklarının kullanılması gerektiğini ortaya çıkarmaktadır. Aynı zamanda üretimin globalleşmesi, dolaysız yabancı sermaye yatırımlarındaki artışlarla sonuçlanmıştır. Bu tür yatırımların avantajlarından biri olarak kabul edilen teknoloji transferi, yatırımın yapıldığı ülkede doğal tekellerin teknoloji nedeniyle yapısını değiştirmiş ve mevcut sektörlerde de yeni teknolojilerin kullanılmasına olanak sağlamıştır.

Tüm bu gelişmeler bir yandan devletin altyapı hizmetlerindeki etkinliğinin artırılması gereğini ortaya çıkarırken, dünya uygulamaları bu alanda devlet tekelinin yol açtığı sakıncaları ortaya koymaktadır. Son yıllarda altyapı hizmetlerindeki devlet tekelleri konusundaki deneyimler, talebe cevap vermedeki başarısızlık kadar ciddi ve yaygın bir şekilde kaynak dağılımında etkinsizliği de ortaya çıkarmıştır. Üstelik, kamu mülkiyetine, finansmanına ve işletmesine yönelik araçlar yoksulluğu azaltma ve çevresel sürdürülebilirliği sağlama konusunda herhangi bir avantaja sahip görünmemektedir (World Bank, 1994:25).

Globalleşme yanında 1980'li yıllardan itibaren birçok ülkede aşırı büyümüş olan kamu sektörünün büyüklüğünü azaltmaya yönelik politikalar uygulamaya konulmuştur. Bir yandan birçok alanda serbestleşme politikalarına ağırlık verilirken, diğer yandan da özelleştirme politikaları ile devlet birçok alandaki mal ve hizmet üretiminden çekilmiştir. Bu politikaların doğal tekeller üzerindeki yansıması, doğal tekellerin bölünerek rekabete açılması (serbestleşme) veya tamamen özel sektöre devri (özelleştirme) ile sonuçlanmıştır.

Dünya genelinde piyasaların serbestleştirilmesi (liberalizasyon) ve birçok sektörde çeşitli şekillerde özel sektörün katılımına ilişkin deneyimler, bu kez de bu değişimi geri çevirmeye yönelik yeni deneyimlerin ortaya çıkmasına neden olmuştur. Teorik ve kurumsal gelişmeler, regülasyonun ne zaman gerekli olduğunu ve regülasyon uygulamasının nasıl geliştirileceğini de ortaya koymuştur. Tüm bunlar iki temel sonuca neden olur: İlk olarak, eskiden inanıldığının aksine devlet müdahalesini gerektiren daha az altyapı faaliyeti vardır. İkinci olarak, devlet müdahalesi gerekli olduğu zaman, geleneksel olarak kullanılan kamu politikası araçlarından daha az saptırıcı olanları kullanılabilir (World Bank, 1994:35).

***Demografik Faktörlerin Etkisi:*** Hızlı nüfus artışı, kentleşme, göç vb. demografik olgular altyapı hizmetlerine olan talebi önemli ölçüde artırmıştır. Artan talebin karşılaşmasına yönelik olarak altyapı hizmetlerinin daha etkin sunumu gereği ortaya çıkmıştır. Fakat uygulamada devlet tekellerinin mevcut talebi bile karşılamada yetersiz kalması, artan talep karşısında alternatif sunum ve finansman yöntemlerinin geliştirilmesiyle sonuçlanmıştır.

## VII. SONUÇ

Gelişmiş, gelişmekte olan ve az gelişmiş ülkelerin hemen tamamında çok uzun yıllar altyapı hizmetleri devlet tekelinde olmuştur. Devletin yasal tekel oluşturmasının en önemli gerekçesi ise "doğal tekel" argümanı olmuştur. Ancak devlet tekeli altında altyapı hizmetlerinin sunumundaki etkinsizlikler, düşük kalitede hizmet sunumu ve giderek artan talebi karşılamadaki yetersizlikler, söz konusu hizmetlerde devletin rolünün sorgulanmasına yol açmıştır. Özellikle 1980 sonrasında serbestleşme ve özelleştirme politikalarının etkisiyle devletin birçok altyapı hizmetindeki rolü çok önemli ölçüde değişmiştir. Enerji, ulaştırma ve haberleşme gibi pek çok altyapı hizmetlerinde devlet, tek başına hizmet sunan bir birim olmaktan çıkmış ve altyapı piyasaları rekabete açılmıştır. Gelişmişlik düzeyi ne olursa olsun, bu süreç halen pek çok ülkede tüm hızıyla devam etmektedir.

## KAYNAKLAR

Aktan, Coşkun Can., Kamu İktisadi Teşebbüsleri ve Özelleştirme, Anadolu Matbaacılık, İzmir, 2002.

Aktan, Coşkun Can., "(Im)Possibility of Rational Regulation", (Paper presented at the 2nd International Conference of the Japan Economic Policy Association, "New Economic Governance: The Limit of National Policy and Role of Private Sector", Japan Economic Policy Association (JEPA), November 29-30, 2003, Nagoya Uni. Japan.)

Aktan, Coşkun Can. ve Özlem Özkıvrak, Devlet mi? Piyasa mı? Kamu ve Özel Sektör Arasında Performans Karşılaştırmaları, Ankara: TOSYÖV Yayınları, 1999.

Ardıyok, Şahin., Doğal Tekeller ve Düzenleyici Kurumlar, Türkiye İçin Düzenleyici Kurum Modeli, Rekabet Kurumu, Ankara, 2002.

Brown, C.V. ve P.M. Jackson, Public Sector Economics, 4th ed. Oxford: UK; Blackwell, 1994.

Çakal, Recep., Doğal Tekellerde Özelleştirme ve Regülasyon, DPT Uzmanlık Tezleri, Yayın No : DPT: 2455, İktisadi Sektörler ve Koordinasyon Genel Müdürlüğü Sektör Programları Dairesi, Temmuz 1996, http://ekutup.dpt.gov.tr/kit/cakalr/tekel.pdf

Dillingham, Alan E.; Neil T. Skaggs ve J. Lon Carlson, Microeconomics, Allyn and Bacon, Massachusetts, 1992.

Gwartney, James D. ve Richard L. Stroup, Temel Ekonomi, (Çev. Yıldıray Arsan), 2. Baskı, Liberte Yayınları, 1999.

Hanke, Steve H., "Özelleştirme Teorisi", Çev. F.Devrim, İçinde: Kamu Ekonomisinin Genişlemesi ve Özelleştirme (Seçme Çeviriler), Yayına Hazırlayanlar: A. Eker ve C.C Aktan, TAKAV Matbaası, İzmir, 1993, ss.279-295.

Hertog, Johan den., "General Theories of Regulation",1999, http://encyclo.findlaw.com/5000book.pdf, pp. 223-270.

Johnson, Paul M., Natural Monopoly, Glossary of Political Economy Terms, Auburn University, 1994-2000, www.auburn.edu/~john spm/gloss/natural_monopoly.html - 7k

Kessides, Ioannis N., Reforming Infrastructure -Privatization, Regulation, and Competition, The World Bank, Oxford University Press, 2004.

Majone, Giandomenico., "Theories of Regulation", in: Regulating Europe, Ed. Giandomenico Majone, Routledge, London and New York, 1996, pp.28-46.

Müftüoğlu, Tamer ve H. Baha Karabudak, "İktisadi Politikalar Bağlamında Hukuki Düzenleme (Regülasyon) Üzerine Düşünceler", Rekabet Dergisi, Rekabet Kurumu Yayını, ss.3-15.

Parker, David., "Economic Regulation: A Preliminary Lit Review and Summary of Research Questions Arising", Centre on Regulation and Competition, Working Paper Series, Paper No. 6, October 2001.

Paşaoğlu, M. Ömür., Doğal Tekellerde Regülasyon ve Rekabet -Bir Örnek: İngiliz Elektrik Sektörünün Yeniden Yapılandırılması, Rekabet Kurumu, Uzmanlık Tezleri Serisi No:14, Ankara, 2003.

Posner, Richard A., "The Social Costs of Monopoly and Regulation", NBER Working Paper Series, Working Paper No: 55, September 1974.

Roth, Gabriel., The Private Provision of Public Services in Developing Countries, EDI Series in Economic Development, The World Bank, Oxford University Press, 1987.

Stiglitz, Joseph E., Economics of the Public Sector, Third Edition, WW. Norton-Company, New York, 2000.

Tullock, Gordon., "Rant Kollama", Çev. Coşkun Can Aktan, İçinde: Politik Yozlaşma ve Rant Kollama, Yayına Hazırlayanlar: A. Eker ve C.C. Aktan, TAKAV Matbaası, Ankara, 1994a, ss. 177-182.

Tullock, Gordon., "Tarifelerin, Tekellerin ve Hırsızlığın Refah Maliyetleri", Çev. F. Devrim, İçinde: Politik Yozlaşma ve Rant Kollama, Yayına Hazırlayanlar: A. Eker ve C.C. Aktan, TAKAV Matbaası, Ankara, 1994b, ss.199-208.

World Bank, World Development Report 1994: Infrastructure for Development, 1994.Oxford: Oxford University Press.

# POSTA VE TELEKOMÜNİKASYON HİZMETLERİNDE SERBESTLEŞME ve ÖZELLEŞTİRME[1]

Coşkun Can Aktan

## I. GİRİŞ

Pek çok ülkede klasik haberleşme hizmetleri olarak niteleyebileceğimiz posta, telgraf ve telefon hizmetleri uzun yıllar devlet mülkiyeti ve kontrolü altında sunulmuştur. Uzun yıllar kısaca PTT olarak bilinen Posta, Telgraf ve Telefon hizmetlerinde devlet monopolü varlığını sürdürmüştür. Ancak zaman içerisinde posta ve telekomünikasyon hizmetlerinin devlet tarafından sunulmasının ortaya çıkardığı sorunların anlaşılması neticesinde bu hizmetlerde yeniden yapılanma ve özelleştirme reformu gündeme gelmiştir. Ayrıca dünya ekonomilerindeki globalleşme ve serbestleşme yönündeki gelişmeler de posta ve telekomünikasyon hizmetlerinde reform ihtiyaçlarını arttırmıştır.

Bu çalışmada modern haberleşmenin iki yönünü oluşturan posta ve telekomünikasyon hizmetlerinde devlet mülkiyeti ve kontrolünün nedenleri ve ortaya çıkardığı sorunlar ele alınmaktadır. Bu araştırmadaki bilgiler ışığında günümüzde pek çok ülkede haberleşme sektöründe devam eden yeniden yapılanma ve özelleştirme reformlarının gerekçelerini daha iyi kavramak mümkün olacaktır.

---

[1] Bu çalışma daha önce şu dergi içerisinde yayınlanmıştır: C.C.Aktan, Posta ve Telekomünikasyon Hizmetlerinde Serbestleşme ve Özelleştirme, Sosyal ve Beşeri Bilimler Dergisi, Cilt 2, Sayı 2, 2010 .

## II. GENEL OLARAK HABERLEŞME HİZMETLERİ

Haberleşme, canlı varlıklar arasında duygu ve düşüncelerin birbirlerine aktarılmasını ifade eder. Haberleşme özünde "kendiliğinden oluşmuş", yani "spontan" bir kurumdur. Karşılıklı, yüzyüze konuşmak suretiyle insanlar birbirlerine duygu ve düşüncelerini ifade ederler. "Konuşmak" haberleşmenin başlangıcını oluşturmuştur. İlk insanlar, çeşitli tehlikelerden korunmak, yiyecek ve yatacak bir yer bulmak vesaire nedenlerden dolayı birbirlerine duygu ve düşüncelerini aktarmak ihtiyacını hissettiklerinde bazı sesleri bir araya getirerek iletişim kurmaya çalıştılar. Zaman içerisinde belirli konuları anlatmak için daima aynı sesleri kullanmanın gerekli olduğunu anladılar. Böylece zamanla "dil" adı verilen kendiliğinden oluşan bir haberleşme düzeni ortaya çıktı.

Toplumların kalabalıklaşması ve toplumsal yapının zaman içerisinde değişmesi ile birlikte yeni haberleşme teknikleri ve yöntemleri keşfedilmeye başlandı. Örneğin, birbirlerine yakın köyler arasında ateş yakarak dumanla haberleşme, sert zeminlere bir takım şekiller çizerek haberleşme, Afrika yerlilerinde olduğu gibi tamtamlarla haberleşme, Alaskalılarda olduğu gibi totem işaretleri ile haberleşme, Peruluların düğümlü ipleri ile haberleşme gibi yöntemler insanlar arasında iletişim kurulmasını sağladı. Zamanla insanlar arasında mübadele ve ticaretin başlaması ile birlikte haberleşmenin önemi de artmaya başladı. Yeni haberleşme ihtiyaçları ortaya çıkınca insanlar daha kolay, daha hızlı ve daha ucuz haberleşmenin yollarını araştırdılar. Böylece ilkel haberleşme yöntemlerinden modern haberleşmeye doğru gelişme kaydedildi.

Modern haberleşmenin başlangıcını Posta Hizmetleri oluşturmuştur. Yazının icadı ve kağıdın bulunmasından sonra insanlar yazı yazarak ve bu yazılı metinleri birbirlerine "postacı" adı verilen kimselerle ulaştırmak suretiyle haberleşmeye başladılar.

Daha sonraları 19. yüzyıl başlarında Amerikalı Samuel Morse'un telgrafı icad etmesiyle haberleşmede elektrikten yararlanmak suretiyle uzak bölgelere ses iletimi mümkün oldu. Ardından 1876 yılında Alexander Graham Bell'in telefonu icad etmesiyle haberleşmede yeni bir dönem başlamış oldu. Bu ilk buluştan sonra telefonla haberleşmede yeni gelişmeler oldu. Manyetolu telefonlar yerine otomatik telefonlar ortaya çıktı. Böylece santral memurları devreye girmeden direkt haberleşme mümkün oldu. Zamanla şehirlerarasında ve ülkeler arasında telefon görüşmeleri yapılmaya başlandı.

Haberleşme alanındaki gelişmeler ilk fonografın bulunması, televizyon alıcıları, telsiz ve teleks alıcı-vericilerinin devreye girmesi ve teyple telefonun birleşmesi ile birlikte yeni boyutlar kazandı. Böylece posta hizmetlerinin dışında Telekomünikasyon Hizmetleri ile haberleşme alanı genişledi. Dahası çağımızda bilgisayar teknolojisindeki gelişmeler bir telekomünikasyon devrimi yaratılmasına ortam hazırladı. Bugün elektronik ve bilgisayar teknolojisi sayesinde telekomünikasyonda her geçen gün yeni hizmetler sunulabilmektedir. Ayrıca uydular aracılığıyla daha kolay, daha hızlı ve daha ucuz maliyetle haberleşme sağlanabilmektedir.

Buraya kadar yaptığımız açıklamalarda haberleşme hizmetlerinin iki yönünü oluşturan posta ve telekomünikasyon hizmetleri alanındaki gelişmeleri kısaca özetledik. Hemen belirtelim ki haberleşmeyi sağlayan posta, telgraf ve telefon hizmetleri esasen bir devlet hizmeti olarak ortaya çıkmış ve devlet mülkiyeti ve kontrolü altında hizmet arzedilmiştir. Hemen hemen tüm ülkelerde uzun yıllar posta ve telekomünikasyon hizmetlerinde devlet monopolü varlığını sürdürmüştür. Posta ve telekomünikasyon hizmetlerinin devlet monopolü altında sunulmasının çeşitli sosyal, siyasal ve iktisadi nedenleri bulunmaktadır.

Ancak özellikle 1980'li yılların başlarından günümüze değin birçok ülkede posta ve telekomünikasyon hizmetlerinde devlet mülkiyeti ve kontrolü sorgulanmaya başlanmış ve bu hizmetlerde yeniden yapılanma ve özelleştirme uygulamaları gündeme gelmiştir. Dünya ekonomilerindeki globalleşme ve serbestleşme yönündeki gelişmeler posta ve telekomünikasyon hizmetlerindeki gelişmeleri hızlandırmıştır.

## III. POSTA VE TELEKOMÜNİKASYON HİZMETLERİNİN DEVLET MÜLKİYETİNDE VE KONTROLÜNDE OLMASININ NEDENLERİ

Posta ve telekomünikasyon hizmetleri uzun yıllar dünyanın pek çok ülkesinde bir "kamusal hizmet" olarak kabul edilmiş ve dolayısıyla kamu mülkiyeti ve kontrolü altında hizmet arzedilmiştir. 1980'li yılların başlarına değin posta ve telekomünikasyon hizmetlerinde gelişmiş ve gelişmekte olan ülkelerin hemen tamamında "devlet monopolü" söz konusu olmuştur. Günümüzde bile halen gelişmekte olan ülkelerin büyük çoğunluğunda *"devlet monopolü"* devam etmektedir. Gelişmiş ülkelerde ise *"demonopolizasyon"* (monopol piyasasını ortadan kaldırma) yönünde bazı yasal-kurumsal serbestleşme (deregulasyon) önlemleri alınmaktadır.

Devlet posta ve telekomünikasyon hizmetlerini niçin kendi monopolüne almaktadır? Posta ve telekomünikasyon hizmetlerinin devlet mülkiyetinde ve kontrolünde olmasının nedenleri nelerdir? Konuyu aşağıdaki faktörlere ya da argümanlara dayalı olarak açıklayabiliriz. (Aktan, 1993:7-12.; OECD, 1990; OECD, 1992.)

### 1. Ölçek Ekonomileri Ve Doğal Monopol Argümanı

Posta ve telekomünikasyon hizmetlerinin devlet mülkiyetinde ve kontrolünde olmasının en önemli nedenlerinden birisi olarak ölçek ekonomileri argümanı ileri sürülmektedir. Ölçek ekonomileri, üretim ölçeğinin büyümesine paralel olarak ortalama birim maliyetinin azalacağını ifade eden bir iktisadi kavramdır. Ölçek ekonomileri teorisine göre geniş çapta üretim yapılması halinde birim başına ortalama maliyetlerin azalması söz konusu olacağından "Ölçeğe Göre Artan Getiri" hali söz konusu olacaktır. Yani firma, maliyet tasarrufu ile daha fazla kar elde edebilecektir. Geleneksel olarak iktisatçılar ölçek ekonomilerinin söz konusu olduğu üretim alanlarına örnek olarak; özellikle haberleşme, ulaştırma, elektrik, su, havagazı vesaire hizmetleri gösterirler. Daha açık bir ifadeyle, şu örneği verebiliriz: Bir kasaba veya şehirde haberleşme hizmetinin bağımsız bir firma tarafından sunulması mümkün olabilir. Ancak, her kasaba ya da şehir ve telekomünikasyon hizmetini sunmak için ayrı bir firma oluşturmaya kalkışırsa bu iktisadi anlamda etkin bir karar değildir. Zira, telekomünikasyon hizmeti özelliği gereği tek bir firma tarafından tüm ülkeye fayda sağlayacak şekilde sunulabilir. Bu ikinci karar iktisadi anlamda etkin bir karardır. Çünkü, bu şekilde geniş ölçekte faaliyette bulunma dolayısıyla birim başına ortalama maliyetlerin azalması, dolayısıyla *"maliyet etkinliği"* sağlanmış olacaktır.

Öte yandan ölçek ekonomilerinin söz konusu olduğu üretim alanlarına devlet müdahalesi söz konusu olmadığına sonuçta piyasada kendiliğinden bir "özel monopol" ortaya çıkacaktır. Buna iktisatçılar *"doğal monopol"* (natural monopoly) adını vermektedirler. Doğal monopol ile anlatılmak istenen şudur: Eğer devlet müdahalesi söz konusu olmaz ise ölçek ekonomilerinin geçerli olduğu üretim alanlarında büyük ve dev özel firmalar faaliyette bulunacaklardır. Zira, belirtilen türde hizmetlerin geniş ölçekte sunulması için büyük sermaye gerekecektir. Bu durumda piyasada sınırlı sayıda büyük firmaların ya kıran-kırana rekabeti söz konusu olacak ve sonuçta bir monopol piyasası geçerli olacaktır veya özel firmalar kendi aralarında anlaşarak "merger" şeklinde bir birleşme ile piyasada hakimiyetlerini sürdüreceklerdir. Kartel veya tröst benzeri rekabeti engelleyen oluşumlar söz konusu olabilecektir. Özetle, devlet müdahalesi söz konusu olmadığında sonuçta her halükarda kendiliğinden bir monopol oluşacaktır.

Peki, bu kendiliğinden piyasada oluşacak doğal monopolün ortaya çıkaracağı muhtemel sonuçlar neler olacaktır? Bu durumda, monopol piyasasında, monopolcü piyasada tek satıcı olması dolayısıyla fiyatları istediği gibi belirleyebilecek ve kaliteli mal ve hizmet sunmaya yönelmeyecektir. Sonuçta tüketici çıkarları olumsuz yönde etkilenecektir.

İşte başlıca yukarıda belirtilen nedenlerden ötürü ölçek ekonomilerinin söz konusu olduğu üretim alanlarında devlet monopolü savunulmaktadır. Devlet monopolünün haksız fiyat uygulamayacağı ve tüketici çıkarlarını olumsuz yönde etkilemeyeceği belirtilmektedir.

Özetle, posta ve telekomünikasyon hizmetlerinin devlet mülkiyetinde ve kontrolünde olmasının birinci ve en önemli nedenlerinden birisi olarak ölçek ekonomileri ve doğal monopol argümanı ileri sürülmektedir.

### 2. Çapraz Sübvansiyon Argümanı

Önceki açıklamalarımızda belirttiğimiz gibi haberleşme hizmetleri, esasen posta ve telekomünikasyon hizmetlerini kapsamaktadır. Bu iki hizmet özellikleri itibariyle birbirinden farklı olmasına karşın pek çok ülkede genellikle tek bir kurum tarafından sunulmaktadır. Posta hizmetlerinde düşük gelirli kimselerin korunması amacıyla devlet tarafından fiyat tarifeleri maliyetinin altında tutularak bir tür sübvansiyon uygulaması yapılmaktadır. Posta hizmetleri esasen emek-yoğun bir hizmettir ve yüksek maliyetlidir. Buna karşın telekomünikasyon sermaye-yoğun bir hizmettir. Posta hizmetlerinde devletin genellikle uğradığı zarar aynı kurum bünyesinde sürdürülen telekomünikasyon hizmetleri gelirleri ile karşılanmaktadır. Buna *"çapraz sübvansiyon"* (cross cubsidization) adı verilir. Özetle, posta ve telekomünikasyon hizmetlerinin devlet tarafından sunulmasının bir diğer nedeni olarak birinin geliriyle diğerinin zararını karşılamak ve genel bütçeye yük olmamak düşüncesi ileri sürülmektedir.

### 3. Yatırım Duplikasyonu Argümanı

Özellikle telekomünikasyon hizmetlerinin birden çok kurum tarafından sunulması halinde bunun yatırımlarda duplikasyona neden olacağı savunulmaktadır. Özellikle gelişmekte olan ülkelerin kaynakları kıt olduğu için telekomünikasyon hizmetlerinin devlet tarafından sunulmasının ekonomiye daha faydalı olacağı iddiası söz konusudur.

## IV.POSTA VE TELEKOMÜNİKASYON HİZMETLERİNİN DEVLET TARAFINDAN SUNULMASININ ORTAYA ÇIKARDIĞI SORUNLAR

Önceki açıklamalarımızda belirttiğimiz üzere 1980'li yılların başlarına değin dünyanın hemen her ülkesinde posta ve telekomünikasyon hizmetlerinde devlet monopolü söz konusuydu. Bugün için de durum bütünüyle değişmiş değildir. Telekomünikasyon hizmetlerinde devlet mülkiyetinin ve kontrolünün ortaya çıkardığı sorunlar 1970'li yılların sonlarına doğru iyice belirginleşmiştir. Bu sorunları kısa başlıklar altında özetleyebiliriz. (Aktan, 1993: 11-15)

**Hizmet Etkinliğinin Düşük Olması.**

Özellikle gelişmekte olan ülkelerde posta ve telekomünikasyon hizmetlerine olan talep karşılanamamaktaydı. Örneğin, bir telefon bağlanması için, müracaat sonrasında 10-15 yıl ve hatta daha uzun bir süre beklenmesi gerekebiliyordu.

**Hizmet Kapasitesinin Tam Ve Etkin Olarak Kullanılamaması.**

Gelişmekte olan ülkelerde mevcut santral kapasitesinin tamamının değil ancak belirli bir kısmının kullanımda olması da posta ve telekomünikasyon hizmetlerinin devlet tarafından sunulmasının ortaya çıkardığı sorunlardan birisi olmuştur. Posta ve telekomünikasyon hizmetlerinde kullanılan araç, gereç ve tüm diğer teçhizatların bakımı ve onarımı zamanında ve doğru dürüst yapılamamaktadır. Yeni abonelere kablo çekilmesi de uzun zaman almaktadır.

**Görüşme Tamamlama Oranlarının Düşük Olması.**

Gelişmekte olan ülkelerde santral ve uzun mesafe haberleşme kapasitesinin yetersiz olması dolayısıyla telefon görüşmeleri genellikle tamamlanamamaktadır.

**Aşırı İstihdamın Söz Konusu Olması.**

Devlet mülkiyeti ve kontrolünün söz konusu olduğu tüm devlet kuruluşlarında aşırı istihdam bir diğer ifadeyle gizli işsizlik söz konusu olmaktadır. Çeşitli hizmetler yönünden kamu ve özel sektörü karşılaştıran ampirik çalışmaların sonuçları genel olarak bunu göstermektedir. Posta ve telekomünikasyon hizmetlerinde de durum farklı değildir.

## V. TELEKOMÜNİKASYON DEVRİMİ, YENİ BİLGİ İLETİŞİM TEKNOLOJİLERİ VE POSTA VE TELEKOMÜNİKASYON HİZMETLERİNDE REFORM İHTİYACI

Geçtiğimiz özellikle son 20 yıl içerisinde dünyada telekomünikasyon alanında baş döndürücü bir değişme yaşanmıştır. Yerinde bir ifadeyle son 20 yıl içerisinde tam bir Telekomünikasyon Devrimi ortaya çıkmıştır. Telekomünikasyon alanındaki devrim teknolojik gelişmeler ve buluşların bir sonucu olmuştur. Telekomünikasyon sektöründeki teknolojik yenilikleri aşağıdaki şekilde özetleyebiliriz. (Bkz. Wellenius vd. 1989; Ambrose vd., 1990.)

1. Analog teknolojiden, sayısal teknolojiye geçilmiştir. Geçmişte santral ve iletim sistemlerinde analog teknikleri kullanılmıştır. Analog iletimde, bir analog sinyalin dalga biçimi, mesafe uzadıkça bozularak çarpılma ve kötü bir ses kalitesi verme eğilimindedir. Telekomünikasyonda sistem dizaynına elektroniğin entegre edilmesi ile sayısal (dijital) iletim teknikleri geliştirilmiştir. Bir dijital sinyal, hedefine düzgün ve bozulmadan ulaşabilmektedir. Dijital iletimde aynı zamanda, dijital sinyallerin, hiçbir araya girme (interferans) tehlikesi olmadan tek bir iletim hattında multipleks edilerek daha büyük sistem kapasitesine imkan vermesi söz konusudur.

2. Devre anahtarlamadan paket anahtarlamaya geçilmiştir. Paket santral teknikleri, data akımlarını, şebekeden bağımsız olarak daha kısa bir sürede yönlendirebilecek küçük "bilgi" paketlerine bölerler. Anahtarlama, telekomünikasyon devriminin önemli yeniliklerinden birisidir.

3. İletimde bakır kablo yerine optik kablo'ya doğru bir geçiş olmuştur. Fiber optik kablolar telekomünikasyon hizmetlerinde büyük kolaylık sağlamıştır.

4. Bilgisayar teknolojisindeki gelişmeler telekomünikasyon alanına yansımıştır. Bilgisayar ve haberleşme bir arada gerçek bir telekomünikasyon devrimine imkân sağlamıştır.

5. Telekomünikasyon hizmetlerinin iletimi için gerekli olan araç ve gereçlerde (Costumer Premises Eguipment-CPE) yenilikler ortaya çıkmıştır. Özel otomatik santral sistemleri (Private Automatic Branch Exchange (PABX), telefax, teleprinter, telex gibi yeni cihazlar geliştirilmiştir.

6. Mobil ve hücresel telefon hizmetlerinde önemli gelişmeler olmuştur. Hareket halindeki (mobil) araçlarda (gemi, uçak, karayolu taşıtları vs.) haberleşmenin sağlanması hücresel teknoloji sayesinde daha kolay olmuştur. Hücresel mobil teknolojisi, kamu şebekesinin telsiz bir uzantısını temsil etmektedir. Hücresel hizmet, sabit ve hareketli (mobil) aboneler arasında iletişim sağlayarak kamu şebekesinin imkanlarını artırmıştır. Geçmişte, mobil radyo teknolojisi, geniş bir alanda sınırlı sayıda radyo kanalına ulaşabilmekteydi. Hücresel teknoloji, hizmet alanını küçük hücrelere bölerek bir hücreden diğerine geçerken kesintisiz görüşmeyi sağlamıştır. Aynı sayıda radyo kanalı kullanarak olası mobil hizmet kullanıcılarının sayısını on katından fazlaya çıkarmıştır. Halen deney aşamasında olan dijital hücresel sistemler daha düşük maliyetle daha büyük tayf etkinliğine imkan vereceklerdir.

Hücresel mobil teknolojisinde bir mesaj hareketli araçtan bir antene gönderilir, bu anten de özel bir hücresel santral ofisine bağlıdır. Sistemler doğrudan başka bir sistem abonesine ya da kamu şebekesine iletilirler; burada mesaj, aranılan tarafın telefonuna gönderilir. Hücresel şebeke içindeki ya da hücresel şebekeyle kamu şebekesi arasındaki bağlantı, mevcut anahat şebekesinden kapasite kiralanarak ya da mikrodalga gibi ayrı bir iletim tesisi kurularak sağlanabilir.

7. Dijital kaplama şebekelerinin kurulması telekomünikasyonda önemli kolaylıklar sağlamıştır. Birçok gelişmekte olan ülkede, kamu şebekesi, iş çevresinin giderek artan data ve ses iletişimi karşısında yetersiz kalmaktadır. Bir çözüm yolu, iş çevresinden kullanıcıların spesifik ihtiyaçlarını karşılamak için bir dijital kaplama şebekesi kurmaktır. Dijital kaplama şebekesinin arkasında yatan düşünce, iş dünyasına müşterilerin ulaşabilmesi için modern bir dijital anahat şebekesi kurmaktır. Bütün şehirlerarası ve yerel santral şebekesinin yerine dijital santraller, firmaların müşterilerinin yoğunlaştığı yerlere yakın stratejik noktalara yerleştirilirler. Bu kullanıcılar, sıkışık yerel şebekeyi atlayarak doğrudan dijital santrall ere bağlanırlar. Dijital santrallar, tahsis edilmiş ve yüksek hızlı anahat tesisleri yoluyla ülke çapında birbirlerine bağlanırlar.

8. Çağrı Sistemi (Paging) de telekomünikasyon devriminin bir parçası olmuştur. Çağrı sistemi, tek yönlü bir mesaj sistemidir. Bu yolla görüşmeciler belirli bir frekansa ayarlanmış spesifik paging alıcılarına mesajlar iletebilirler.

9. Özel uydu iş şebekeleri de telekomünikasyonda yeni bir çağ yaratmıştır. Özel uydu iş şebekeleri, ortak bir uydu şebekesi kullanan üçüncü taraflara, esnek, noktadan noktaya ulusal ve uluslararası kapsamlı hizmet sunarlar. Tipik bir özel uydu iş şebekesi başlıca üç öğe içerir: Uydu, uzak yeryüzü istasyonları ve ana yeryüzü istasyonu, yani merkez. Merkez, uzak istasyonlar arasındaki bağlantıları kontrol ve idare eder. Uzak istasyonlar tipik olarak Very Small Aperature Terminals (VSAT-Çok Küçük Menfez Terminalleri) kullanırlar.

10. Teleportlar da telekomünikasyon endüstrisinde yeni bir hizmettir. Teleportlar esas olarak ses ve veri haberleşme trafiği için uluslararası geçitler (gateway) görevini üstlenmektedirler.

11. Teknolojik buluşlar ve yenilikler telekomünikasyon sektöründe Katma Değer Şebeke Hizmetlerini (Value Added Network Services: VAN Services) yaygınlaştırmıştır. Telex, telefax, videotex, telepating gibi hizmetler VAN hizmetlere örnektirler.

Bu açıklamalardan sonra telekomünikasyon hizmetlerinde yukarıda özetlediğimiz yenilikler ve gelişmelerin ortaya çıkardığı sonuçları ortaya koymaya çalışalım.

Önemle belirtelim ki telekomünikasyonda yeni teknolojiler maliyetleri önemli ölçüde düşürmüştür. Yeni data iletişim teknolojileri, telekomünikasyonda üretim, bağlama, iletim ve santral ekipmanının işletilmesi maliyetlerini önemli ölçüde azaltmıştır. Bu gelişmeler ile birlikte telekomünikasyonda geleneksel ölçek ekonomileri ve doğal tekel argümanı da önemini kaybetmiştir.

Ölçek ekonomileri argümanının bu şekilde önemini yitirmesi devletin telekomünikasyon alanındaki monopol konumunun sorgulanmasına neden olmuştur. Önemle belirtelim ki telekomünikasyon hizmetlerinde ölçek ekonomileri ve doğal monopol argümanının bu şekilde önemini kaybetmesi ile birlikte rekabetçe piyasa yapısı tartışılmaya başlanmıştır.

Dünyada "globalleşme" ve "serbestleşme" eğilimleri posta ve telekomünikasyon hizmetlerinde reform ihtiyacını daha da belirginleştirmiştir. Dış pazarlarda rekabet edebilmek için modern telekomünikasyon altyapısına olan ihtiyaç artmıştır.

Öte yandan daha önceki açıklamalarımızda belirttiğimiz üzere devlet mülkiyeti ve kontrolünün ortaya çıkardığı sorunlar (aşırı istihdam, hizmet etkinliğinin ve kapasitesinin düşük olması vb.) da telekomünikasyon sektöründe reform ihtiyacını artırmıştır.

## VI.POSTA VE TELEKOMÜNİKASYON HİZMETLERİNDE YASAL-KURUMSAL SERBESTLEŞME VE ÖZELLEŞTİRME

1980'li yılların başından itibaren posta ve telekomünikasyon hizmetlerinde reform ve yeniden yapılanma ihtiyacının bir sonucu olarak çeşitli ülkelerde yasal-kurumsal bazı düzenlemeler yapılarak *"demonopolizasyon"* yönünde bazı kararlar alınmış, bazı ülkelerde ise bunu takiben özelleştirme uygulamaları söz konusu olmuştur. (Benitez, 1992.; Adie, 1987.; Vickers, 1985.; Savas, a987.)

Yasal-kurumsal serbestleşme, posta ve telekomünikasyon hizmetlerinde devlet monopolünün kaldırılması, piyasaya giriş ve çıkışların serbestleştirilmesi ve devletin sektöre dayalı ve dolaysız müdahalelerinin mümkün olduğu ölçüde azaltılmasını ifade etmektedir. Yasal-kurumsal serbestleşmenin temel amacı rekabetçi bir piyasa yaratmaktır. Yasal-kurumsal serbestleşme yönünde alınacak karar ve yapılacak uygulamalar ile rekabetçi bir posta ve telekomünikasyon piyasası oluşturmak mümkündür. Rekabet sonucunda ise aşağıdaki sonuçların elde edilmesi söz konusu olabilecektir.

1. *Maliyet Etkinliği (Efficency):* Yasal-kurumsal serbestleşme sonucunda daha az maliyetle üretimde bulunmak mümkün olur. Zira, rekabet baskısı altında firmalar en az maliyetle en çok üretimi elde etmeye çalışmak zorundadırlar. Buna Ekonomik Etkinlik adı verilir. Bunun dışında rekabet sonucu yeni teknolojilerin geliştirilmesi imkan dahilinde olacağından Teknolojik Etkinlik de söz konusu olacaktır. Teknolojik etkinlik bir birim başına daha fazla çıktı elde etmek demektir.

2. *Hizmet Etkinliği (Effectiveness):* Hizmet etkinliği tüketicinin en fazla doyuma ulaşacağı kaliteli mal ve hizmet sunmak demektir. Rekabet sonucunda en başta tüketicinin seçme özgürlüğü

söz konusu olacaktır. Tüketici kendisine en iyi hizmet sunma ve en çok fayda sağlayan mal ve hizmeti satın almaya yönelecektir.

3. *Çeşitlilik (Diversity):* Yine rekabetçi bir piyasada üreticiler bir veya birkaç ürün piyasaya sunmak yerine çok sayıda ve türde mal arz edeceklerdir. Mal ve hizmetlerdeki çeşitlilik rekabetin bir sonucu olmaktadır.

4. *Yeni Teknolojik Buluşlar:* Rekabet sonucunda firmalar maliyet ve hizmet etkinliği için AR-GE harcamalarını artıracaklar ve yeni teknolojilerin geliştirilmesine çaba sarfedeceklerdir.

5. *Yeni İş Alanlarının Açılması:* Yasal-kurumsal serbestleşme politikası ile piyasaya giriş ve çıkışın serbest olması sonucunda yeni iş alanlarının açılması söz konusu olabilecektir. İş alanlarının genişlemesi, istihdam sorununa da katkıda bulunacaktır.

Buraya kadar yasal-kurumsal serbestleşmenin yararlarını kısaca özetlemeye çalıştık. Yasal-kurumsal serbestleşme sonrasında amaçlanan rekabetçi piyasadan beklenen sonuçların elde edilmesi için özelleştirme büyük önem taşımaktadır. Özelleştirme en geniş anlamda devletin yaptığı hizmetlerin özel kesim tarafından sunulması demektir.

Posta ve telekomünikasyon hizmetlerinin özelleştirilmesinde başlıca aşağıdaki yöntemler söz konusu olabilir:

1. Devlet mülkiyetinde olan posta ve telekomünikasyon kuruluşunun özel sektöre satışı yapılabilir.

2. Posta ve telekomünikasyon hizmetlerinin bir kısmı özel kesime ihale yoluyla yaptırılabilir. Örneğin, devlet posta ve telekomünikasyon kuruluşu, telefon rehberliğinin düzenlenmesi ve basımı işini ihale yoluyla özel firmalara yaptırılabilir.

3. Posta ve telekomünikasyon hizmetlerinde kullanılan araç, gereç ve teçhizatın üretimi ve satışında özel firmalara izin verile-

bilir. Hemen belirtelim ki uzun yıllar dünyada telekomünikasyon kuruluşlarının ihtiyacı olan teçhizat ve donanım bizzat devlet tarafından üretilmiş ve bu alanda özel sektöre izin verilmemiştir.

4. Bir diğer özelleştirme yöntemi de özel telekomünikasyon şebekelerinin kurulmasına izin verilmelidir. Örneğin, mobil telefon ve çağrı cihazı hizmetleri pekala özel şebekeler aracılığıyla sunulabilir.

5. Devlet belirli bölgelerde posta ve telekomünikasyon hizmetlerini imtiyaz (franchising) yöntemi ile özel firmalara devredebilir veya kiralayabilir. Bu yöntemde devlet sadece imtiyaz sözleşmesinde yazılı şartlar dahilinde özel firmanın kontrol ve denetimini yapar.

6. Devlet yap-işlet-devret yöntemi ile bazı posta ve telekomünikasyon hizmetlerinin kurulup, belirli süre işletilmesini yerli ve yabancı firmalara verebilir.

## VII.SONUÇ

1980'li yılların başlarına değin gelişmiş ve gelişmekte olan ülkelerin hemen tamamında postal ve telekomünikasyon hizmetlerinde devlet tekeli varlığını sürdürmüştür. Postal ve telekomünikasyon hizmetleri muhtelif gerekçelerle (içsel ve dışsal ekonomiler argümanı, stratejik önem argümanı, evrensel hizmet argümanı vs.) devlet tekeline alınmıştır. Ancak bilgi ve iletişim teknolojileri alanında devrim niye nitelendirebileceğimiz değişimler bu sektörde demonopolizasyon, deregülasyon, serbestleşme ve özelleştirme reformlarını gündeme getirmiştir. Önümüzdeki yıllarda bu reformların çok daha sürat kazanacağını ve sektörde çok önemli değişimlere tanık olacağımızı şimdiden öngörebiliriz.

## KAYNAKLAR


AKTAN, Coşkun Can, Posta ve Telekomünikasyon Hizmetlerinde Yeniden Yapılanma ve Özelleştirme, Ank. T.Haber İş Sendikası, Ank.: 1993.

ADIE, Douglas, K., "Privatizing, Divesting and Deregulating the Postal Service" in Calvin A Kent, Entrepreneurship and the Privatizing of Government, New York: Quorum Books, 1987.

AMBROSE, William W., Paul R. Hannemeyer and Jean-Paul Chapon, Privatizing Telecommunications Systems-Business Opportunities in Develeping Countries-World Bank, International Finance Corporation, Washington DC: 1990.

BENITEZ, Rodolfo, Privatization of Telecommunications Services, Panama: PTTI Publication, 1992.

OECD, Performance Indicators for Public Telecommunications Operators, Paris: 1990.

OECD, Working Party on Telecommunication and Information Services Polices, The 1992/3 Communications Outlook, Paris: 1992.

SAVAS, E.S., Privatization, The Key to Better Government, New Jersey; Chathan House Publishers, 1987.

VICKERS, John and George Yarrw, Privatization and the Natural Monopolies, London: Public Policiy Centre, 1985.

WELLENIUS, Björn, Peter A. Stern, Timothy E. Nulty and Richard D. Stern, Restructuring and Managing the Telecommunications Sector, (A World Bank Symposium), Washington DC: 1989.

# TELEKOMÜNİKASYON SEKTÖRÜNDE REFORM: SERBESTLEŞME ve ÖZELLEŞTİRME[1]

Coşkun Can Aktan
İstiklal Yaşar Vural

## I. GİRİŞ

Pek çok ülkede klasik haberleşme hizmetleri olarak niteleyebileceğimiz posta, telgraf ve telefon hizmetleri uzun yıllar devlet mülkiyeti ve kontrolü altında sunulmuştur. Hali hazırda birçok ülkede kısaca PTT olarak bilinen posta, telgraf ve telefon hizmetlerinde devlet monopolü varlığını sürdürmektedir. Ancak, 1980'li yılların başından itibaren telekomünikasyon (telekom) hizmetleri endüstrisinde Avrupa'daki bölgesel entegrasyon, globalleşme ve serbestleşme nedeniyle dramatik değişiklikler meydana gelmektedir. Kuzey Amerika ve Avrupa Birliği başta gelmek üzere, günümüzde, telekom donanımı endüstrisinde rekabetçi piyasa yapısı hızla gelişmektedir. Serbestleştirme çabaları sonucunda sektörde dolaysız yabancı yatırımlar önemli bir düzeye ulaşmaktadır. Daha önceleri tek bir ağdan oluşan ulusal ağlar çoklu yapıya kavuşmakta ve geleneksel teknolojilere (kablolu telefon) veya yeni ve rekabetçi teknolojilere (internet, mobil ve kablolu telefon) dayanarak rekabet eden ağlarla yer değiştirmektedir. Telekom piyasasındaki bu değişim Dünya Ticaret Örgütü bağlamında gerçekleştirilen

---

[1] Bu çalışma daha önce şu dergi içerisinde yayınlanmıştır: C. C. Aktan & İ.Y. Vural, Telekomünikasyon Sektöründe Reform: Serbestleşme ve Özelleştirme, Ekonomi Bilimleri Dergisi, Cilt 6, No 2, 2014.

uluslararası anlaşmalarla teşvik edilen serbestleşme çabaları ile artmaktadır.

Bu araştırmada telekom sektörünün yapısı ve özellikleri, bu sektörde gerçekleştirilen reforma yol açan faktörler, reform sürecinin temel yapısı ve etkileri ele alınacaktır. Bu araştırmadaki bilgiler ışığında günümüzde pek çok ülkede telekom sektöründe devam eden yeniden yapılanma ve özelleştirme reformlarının gerekçelerini daha iyi kavramak mümkün olacaktır.

## II. TELEKOM SEKTÖRÜNÜN YAPISI ve TEMEL ÖZELLİKLERİ

Telekom sektörü bir noktadan diğerine iletişim hizmetleri sunan bir sektördür. Sektör, esas itibarıyla, telekom hizmetleri ve cihazları olmak üzere iki ana gruba ayrılabilir. Telekom hizmetleri, bir iletim hattı üzerinden ses, veri ve bilgi aktarılmasına yardımcı olan posta, telefon ve telgraf gibi hizmetler (temel telekomünikasyon hizmetleri) ile temel telekom hizmetlerini çeşitli açılardan işleme tabi tutan bilgisayar uygulamalarıyla birleştiren veya iletişim sağlanan farklı iki nokta arasında aktarılan bilgilerin farklılaştırılmasına ve yeniden şekillendirilmesine olanak veren ya da aboneler arasındaki ilişkiyi karşılıklı hale getiren bilgi yoğun hizmetlerden (katma değerli hizmetler) oluşur (İçöz, 2003:21-23). Katma değerli hizmetler, temel telekom hizmetlerinde olduğu gibi, kablolu veya kablosuz ağlar aracılığı ile sunulabilir. Elektronik posta, veri hizmetleri, bankaların ATM hizmetleri, video konferans, etkileşimli televizyon-veri hizmetleri (evden bankacılık, evden alışveriş v.b.), mobil telefon, çağrı cihazı, internet üzerinden telefon hizmeti, sayısal TV gibi hizmetleri içeren katma değerli hizmetler yoğun bilgi ve teknolojiye sahiptir.

Telekom piyasalarının sahip olduğu ana özellikleri kısaca şu şekilde özetlemek mümkündür (De Bijl ve Peitz, 2003:26-31):

- *Batık maliyetler (sunk costs) yüksektir.* Telekom piyasasına giren bir firma, piyasayı terk etmek zorunda kaldığı zaman piyasaya ilk girdiğinde katlanmak zorunda kaldığı maliyeti telafi edemez (Mevcut ağların yeni teknolojilere dayalı ağlarla yenilenmesi, lisans giderleri v.b.).

- *Ürün ve hizmetlerde farklılaşma söz konusudur.* Tüketicilerin tercih ve görüşlerindeki farklılıklar nedeniyle ürün ve hizmetlerde farklılaştırma yönünde yoğun talepler söz konusu olabilir. Tüketiciler, belirli ürün veya rakiplerin hangisinin daha iyi olduğu konusunda kararsız kalabilir (yatay ürün farklılaşması) veya kalite farklılığına göre tercihlerini değiştirebilir (dikey ürün farklılaşması). Bu durumda eksik rekabet piyasa koşulları ortaya çıkar.

- *Lineer olmayan fiyatlama yaygındır.* Ürün veya hizmetlerin fiyatı talep edilen miktara bağlıdır (Örneğin, telekom piyasasında fiyat genellikle konuşulan dakika başına alınan ücret ve abone ücreti gibi iki parçalı tarifelerle belirlenir).

- *Ürünler paketler halinde sunulur.* Birden çok sayıdaki ürün veya hizmet tek bir tarife veya fiyat ile sunulur (Örneğin, Internet erişimi hizmeti, erişimin yanı sıra e-posta, ev bankacılığı, sohbet odaları v.b. gibi ek hizmetlerle birlikte sunulur).

- *Dikey ilişki söz konusudur.* Tüketiciye sunulan nihai ürün birden çok firmanın birlikte çalışması ile elde edilir. Bazı firmalar girdi sağlarken bu girdileri kullanarak nihai ürün-hizmeti sunan firma perakende fiyatını belirler. Dikey ilişkide bulunan firmalar fiyatı müzakere ile belirlemezse her aşamada firmalar kârlarını azamileştireceğinden ürünün nihai fiyatı artar (çifte marjinalleşme sorunu).

- *Ağ etkisi ortaya çıkar.* Telekom piyasasında talep çoğu kez aynı veya benzer ürün veya hizmeti kullananların sayısına ya da ağın hacmine bağlıdır (Örneğin, tüketiciler en çok üyesi olan mesaj-sohbet programını kullanmak ister, çok çeşitli ürünlerle çalışan bilgisayar işletim sistemi daha çok satar). Ağ etkisi, ürünleri çok kullanıldığı için fazla talep edilen firmaları piyasada hakim duruma getirebilir ve rekabeti sağlayıcı regülasyonları zorunlu kılabilir.

Önemle belirtelim ki, reform sürecinin başladığı 1980'li yıllara kadar, telekom piyasası sahip olduğu bazı temel özellikler ile nitelenmekteydi. Reform öncesi döneme has bu temel özellikleri de birkaç ana başlık altında sıralanabilir: (Aktan, 1993.)

- *Posta ve telekom hizmetlerinin birlikte sunulması.* Ülkelerin çoğunda posta ve telekom (PTT) hizmetleri yarı resmi bir kurum olarak veya devlet mülkiyetinde ve genellikle bir bakanlığa bağlı bir birim bünyesinde birlikte sunulmaktaydı. Bu uygulamanın nedeni, sermaye-yoğun (düşük maliyetli) bir hizmet olan telekom hizmetlerine karşılık emek-yoğun (yüksek maliyetli) bir hizmet olan posta hizmetlerinde düşük gelirli kimselerin korunması amacıyla devlet tarafından fiyat tarifelerinin maliyetinin altında tutularak posta hizmetlerinde sübvansiyon yapılmasıdır. Başka bir deyişle, posta hizmetlerinde devletin uğradığı zarar, aynı kurum bünyesinde sürdürülen telekom hizmetleri gelirleri ile karşılanmaktadır (çapraz sübvansiyon argümanı).

- *Kamu mülkiyetinin ve tekel pozisyonunun varlığı.* PTT hizmetleri uzun yıllar dünyanın pek çok ülkesinde bir "kamusal hizmet" olarak kabul edilmiş ve dolayısıyla kamu mülkiyeti ve kontrolü altında hizmet arzedilmiştir. Tekel pozisyonuna sahip olan ve PTT hizmetleri sunan operatörlerin çoğu, kamu taşınmazları, radyo frekansları, gümrük vergileri ve diğer vergiler konusunda özel yetki ve haklara sahiptiler. 1980'li yılların başlarına değin PTT hizmetlerinde gelişmiş ve gelişmekte olan ülkelerin hemen tamamında "devlet monopolü" söz konusu olmuştur. Günümüzde bile halen gelişmekte olan ülkelerin büyük çoğunluğunda "devlet monopolü" devam etmektedir. Gelişmiş ülkelerde ise "demonopolizasyon" (monopol piyasasını ortadan kaldırma) yönünde bazı yasal-kurumsal serbestleşme (deregülasyon) uygulamaları giderek yaygınlaşmaktadır.

- *Devlet tekelinin olağanüstü haklara sahip olması.* Reform öncesi dönemde yasalarla yetkilendirilmiş kamu telekom kurumları farklı kapsam ve sürelere sahip tekel haklarını kullanmaktaydılar. Bu dönemde, kamu mülkiyetindeki telekom kurumları ya asgari bir hizmet yükümlülüğüne sahiptiler veya belirli hizmetleri yerine getirmede hiçbir yükümlülüğe tabi değildiler. Bu durum telekom hizmetlerinde yaygınlığın düşük olmasına, hizmet kalitesinin yetersiz olmasına, telekom hizmetlerinden yararlanmada bekleme sürelerinin uzun olmasına, faturalandırmanın yetersiz ve geç olmasına ve hizmet yelpazesinin dar olmasına neden olmaktaydı. Öte yandan, telekom kurumu bazı kamu kuruluşlarına (devlet daireleri ve askeri kurumlar) düşük tarifelerle hizmet sunmaktaydı.

- *Bağımsız düzenleyici bir kurumun olmaması.* Reform öncesi dönemde ülkelerin çoğunda sektörde düzenleyici bir kurum ya hiç yoktur veya ilgili telekom kurumu bağlı bulunduğu bakanlık tarafından düzenlenmektedir. Bağımsız bir düzenleyici kurumun olmaması bir yandan düzenleyici yetkilere sahip birden çok bakanlık arasında yetki çatışmasının oluşmasına yol açarken öte yandan sektördeki yatırım ve faaliyetlerin etkinlik-verimlilik yerine politik gerekçelerle yapılmasına ve böylece kamu kaynaklarının yanlış tahsisine ve hizmet kalitesinde yetersizliğe yol açmaktadır.

## III. TELEKOM HİZMETLERİNDE REFORMA YOL AÇAN FAKTÖRLER

Telekom hizmetlerinin modern anlamda sunulmaya başlandığı dönemden beri gelişmiş ülkelerde bu hizmetlerin sunulmasından ulus devletlerin sorumlu tutulması ve uluslararası telekom hizmetlerinin yasa ile yetkilendirilmiş PTT idareleri tarafından sunulması üzerinde bir uzlaşma söz konusuydu. Piyasa koşullarının, sosyo-ekonomik konuların ve ticaret politikasının devlet tarafından yönlendirildiği bu endüstride PTT idaresi hukuken veya fiilen tekel gücüne sahipti ve araştırma ve geliştirme (ar-ge) desteği, kamu ihaleleri ve ihracat sübvansiyonları yoluyla telekom donanım piyasasını desteklemekteydi. Günümüzde ise telekom piyasası daha fazla piyasa mekanizmasına dayalı bir yapıya kavuşmaktadır. Yeni dönemde, teknolojik, ekonomik, politik ve kurumsal faktörler mevcut yönetim tarzını baskı altına almaktadır. Hücresel radyo, kablo ağları ve uydu gibi yeni teknolojiler telekom piyasasındaki geleneksel kamusal tekelleri sarsmaktadır. Daha düşük maliyetle daha yüksek kalitede ve yenilikçi hizmetler talep eden tüketiciler PTT tarafından sunulan geleneksel hizmetlere ek olarak daha esnek ve farklı hizmetler için yoğun bir biçimde lobi yapmaktadır. Telekom endüstrisini yukarıda değinilen değişimler yönünde zorlayan, kamu tekellerini baskı altına alan ve piyasanın daha fazla rekabete açılmasına yol açan temel faktörler dört ana başlık altında sınıflandırılabilir: (WEF, 2003;120; Hulsink, 1998:75-76.)

- *Teknolojik devrim.* Bilgi ve iletişim teknolojilerindeki yenilik ve icatlar bütün bilgi türlerinin dijitalleşmesine yol açmaktadır.

- *Globalleşme.* Global ekonomik entegrasyon tüketici taleplerinin çeşitlenmesine ve artmasına yol açmaktadır; telekom endüstri ve sektörlerinde yakınsamaya ve kümelenmelere neden olarak ulusal piyasaları global rekabete açık hale getirmektedir.

- *Uluslararası düzeydeki deregülasyonlar.* Sektördeki global değişimler gelişmiş ülkeleri ve Dünya Ticaret Örgütü gibi global kurumları bu alanda yeni düzenlemeler yapmaya zorlamaktadır. Rekabet güçlerini artırmak isteyen ülkeler telekom piyasasında deregülasyonlara gitmekte ve bu uygulamalar rakip ülkeleri aynı yönde değişiklikler yapmaya itmektedir.

- *Kamusal politika ve tercihlerdeki değişim.* Globalleşme ve teknolojik devrim ulus devletleri yeni politikalar uygulamaya ve farklı siyasal tercihlerde bulunmaya itmektedir. Devletler, gelir elde etmek, yabancı sermayeyi teşvik etmek, telekom hizmetlerinin yaygınlaştırmak, hizmet kalitesini artırmak ve ulusal rekabet güçlerini yükseltmek için telekom sektöründe rekabeti özendirmektedirler.

## IV. TELEKOM HİZMETLERİNDE REFORM SÜRECİ

Telekom piyasasının yeniden yapılandırılmasına yönelik çalışmalar 1980'li yılların başlarına dek geriye götürülebilir. Öncülüğünü ABD, İngiltere ve Avrupa ülkelerinin yaptığı telekom piyasasına yönelik reform sürecinde endüstrinin sahip olduğu temel özellikler belirleyici olmaktadır. Son yirmi yılda gerçekleştirilen reform çabaları ülkeden ülkeye büyük farklılıklar göstermektedir. Bu farklılığın ortaya çıkmasının nedeni telekom hizmetlerinin farklı modellere göre sunulmasıdır. Bu piyasadaki temel model, telekom donanımı, ağları ve hizmetlerinde ülke içinde tekelci, uluslararası düzeyde ise kartelci bir yapıyı gerektirmekteydi. Avrupa ülkelerinde büyük miktarlarda istihdam sağlayan ve elde ettiği tekel kârı ile sosyal fonları sübvanse eden kamu tekeline karşılık ABD'nde tek bir firmanın (AT&T) tekeli bulunmaktaydı. Bu nedenle birçok gelişmekte olan ülke ile birlikte Avrupa ülkelerinde piyasayı rekabete açmayı amaçlayan reform çabaları kamu tekelini ortadan kaldırmayı amaçlamakta ve özelleştirme, serbestleştirme ya da bu iki yöntemin birlikte uygulanmasını içermektedir. 1990'lı yılların başından beri süregelen reform çabaları, bütün dünyada, serbestleştirmenin hızlandırılmasını amaçlamaktadır. Bu dönemde yasalarla yetkilendirilmiş kamu tekeli ortadan kaldırılırken kamusal düzenlemelerle eskiden tekel konumunda olan kamu telekom operatörüne karşı korunan alternatif kamu şebeke operatörleri devreye konulmakta ve yeni oluşturulan bağımsız ulusal düzenleme kurumları piyasada adil rekabet koşullarının sürdürülmesini gözetlemektedir.

Telekom endüstrisinde süregelen serbestleştirme süreci özelleştirme, deregülasyon ve rekabeti tesis etmeyi amaçlayan regülasyon politikalarını içermektedir (Levi-Faur, 2003:163). Öte yandan, Noam ve Caby (1994)'nin de değindiği gibi, 1980'li yılların başlarında başlayan ve telekom piyasasını yeniden yapılandırmayı amaçlayan reform sürecinde dört farklı strateji uygulanmaktadır (Şekil 1):

Şekil 1. Telekom Sektöründe Reform: Temel Stratejiler ve Reform Sürecinin Aşamaları

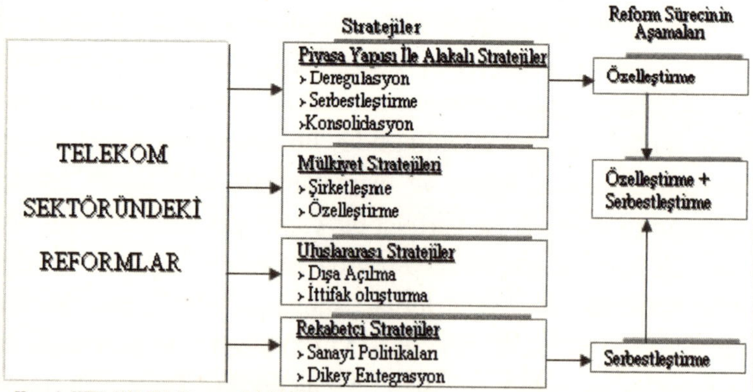


Kaynak: WEF, 2003:121; Noam ve Caby (1994)

- *Piyasa yapısı ile alakalı stratejiler.* Bu kategori altında uygulamaya konulan stratejiler kamu ya da özel tekellerin varlığını dikkate alarak dizayn edilen düzenlemelerin ortadan kaldırılarak piyasada rekabeti artırmayı hedefleyen *deregülasyon* çabalarını, piyasaya giriş engellerini ortadan kaldırarak telekom piyasasını iç ve dış rekabete açmayı hedefleyen *serbestleştirme* uygulamalarını, global piyasalara erişme olanağı elde eden özel ve kamu telekom şirketlerinin ölçek ve kapsam ekonomileri elde etmek için şirket birleşme ve satın alma faaliyetlerine girişerek oluşturdukları *konsolidasyon* girişimlerini içermektedir.

- *Mülkiyet yapısı ile bağlantılı stratejiler.* Telekom sektöründe piyasayı etkin konuma getiren reform sürecinde özelleştirme etkin bir araç konumundadır. Özelleştirmenin gerçekleştirilmesi aşamasında tekel pozisyonunda bulunan kamu telekom kurumu posta ve telekom hizmetleri sunan ayrı şirkete bölünmekte (corporatisation) ve daha sonra katma değeri yüksek olan hizmetler ürettiği için getirisi yüksek olan telekom şirketi özelleştirilmektedir.

- *Uluslararası stratejiler.* Çok taraflı ticaret anlaşmalarına telekom piyasasının rekabete açılması ilkesinin dahil edilmesi sonrasında özel ve kamu telekom şirketleri tek başlarına veya ittifaklar oluşturarak global piyasalara açılma stratejisi uygulamaktadırlar. (Roseman, 2003:83).

- *Rekabetçi Stratejiler.* Telekom piyasasını rekabete açan ülkelerde, reform süresi öncesinde olduğu gibi, bir yandan firmalar rekabetçi üstünlük elde etmek için dikey entegrasyonlara (genellikle donanım imalatçıları ile) gitmekte; öte yandan, devletler, ulusal firmalarının rekabet güçlerini artırmak için teşvik edici veya stratejik sanayi-ticaret politikaları uygulamaktadırlar.

Yukarıda da değinildiği gibi ülkelerin sahip oldukları özgün koşullar nedeniyle telekom sektöründeki reform uygulamaları ülkeden ülkeye büyük farklılıklar göstermektedir. Telekom reformlarında öncü bir role sahip olan ABD, sahip olduğu özgün telekom piyasası yapısı nedeniyle reform sürecinde farklı bir yere sahiptir (Gao ve Lyytinen, 2001:131). Bu ülkede, yasa ile yetkilendirilmediği halde, bir özel şirket (AT&T) sadece telekom altyapısı ve hizmetlerinde değil, bunların yanı sıra donanım ve ar-ge sektörlerinde de fiilen tekel pozisyonuna sahipti. Federal İletişim Komisyonu çıkardığı bir kararname (Consent Decree) ile 1956'da mikro dalga hizmetlerini ve 1971'de veri iletim hizmetlerini rekabete açtı. Adalet Bakanlığı'nın aldığı bir karar ile 1984 yılında telekom piyasasında tekele sahip olan AT&T firması yerel hizmetler sektöründen çekildi ve bu tarihten sonra uzun mesafeli ve bilgi hizmetlerini sunamayan bölgesel tekeller bu hizmetleri sunmaya başlarken uzun mesafeli hizmetleri sunan firmalar yerel piyasaya girme hakkına sahip oldu. 1996'da çıkarılan Telekomünikasyon Kanunu bütün telekom piyasalarını rekabete açtı (Cave ve Crandall, 2001:4).

İngiltere, doğal tekel niteliği nedeniyle, telekom hizmetlerinin kamu ya da özel kesim tarafından tekelci piyasa koşullarında sunulması gerektiği şeklindeki geleneksel görüşü ortadan kaldıran reform uygulamalarına sahne olmuştur. 1981'de çıkarılan Telekomünikasyon Kanunu ile başlayan reform süreci kamu mülkiyetindeki endüstrilerin mevcut durumlarının iyileştirilmesini amaçlayan politikanın bir parçasıdır. Yasa, telekom hizmetlerini sunmakla görevli olan kurumu ikiye ayırdı ve telekom hizmetlerini sunma görevini British Telekom'a devretti; düzenleyici birim olarak Sanayi Bakanlığı'nı görevlendirdi ve piyasayı rekabete açtı. 1984 yılında çıkarılan yeni yasa Mercury şirketine uzun mesafeli telekom hizmetlerini sunma izni vererek bu alanda piyasayı rekabete açarken British Telekom'un özelleştirilmesi sürecini başlattı. British Telekom üç aşamada (1984, 1991 ve 1993) özelleştirildi ve düzenleyici birim olarak Telekomünikasyon Kurumu (Oftel) oluşturuldu. Oftel'in oluşturulması piyasadaki rekabeti artıran yeni uygulamaları olanaklı hale getirdi ve telekom piyasası zamanla tamamen serbestleştirildi. Hem ABD hem de İngiltere'de tam serbestleştirmeyi amaçlayan geçiş dönemi sırasında sürdürülebilir ve adil rekabet koşullarını sağlayacak regülasyonlar gerçekleştirilmiştir; ancak, her iki ülkede de piyasaya giriş engellerini azaltmaya yönelik deregülasyonlar konusunda yeterli düzeyde başarı gösterilememiştir (Gao ve Lyytinen, 2001:133).

İngiltere ve Finlandiya hariç, AB ülkeleri piyasalarını rekabete açmak konusunda son derece çekingen davranmaktadırlar. Bu ülkelerin çoğu AB direktifleri ile oluşturulan birlik düzeyindeki plâna sadık kalarak piyasalarını rekabete açmaya çalışmaktadır. AB, 1990'lı yıllar boyunca, telekom piyasalarını tedricen rekabete açmayı amaçlayan bir dizi düzenleyici ilkeyi uygulamaya koymaktadır. Birçok AB ülkesi daha önceleri piyasalarını serbestleştiren ülkeleri takip etmekte ve 1998'de yürürlüğe giren direktiflerle altyapı ve hizmetler sektörlerinde telekom piyasalarını kademeli olarak rekabete açmaktadırlar. AB ülkelerinin çoğunda büyük çaplı özelleştirmeler yapılmasına rağmen Fransa ve Almanya büyük telekom operatörlerindeki kamu hisselerini hâlâ elde tutmaya devam etmektedirler.

Gelişmekte olan ülkelerin büyük bir kısmında telekom sektöründe kamu tekelleri mevcuttur veya posta ve telekom hizmetlerinin birbirinden ayrıldığı şirketleştirme süreci yeni yeni devreye girmektedir. Ancak, son birkaç yıldır, önde gelen bazı gelişmekte olan ülkelerde serbestleştirme yönünde ciddi adımlar atılmaktadır. Gelişmiş ülkelerde izlenen reform stratejisi aşamalı bir strateji iken telekom reformu gerçekleştiren gelişmekte olan ülkelerde hem aşamalı hem de radikal reform programları aynı anda uygulanmaktadır (Gao ve Lyytinen, 2001:134). Bu ülke grubunun büyük bir çoğunluğunda telekom sektörü üzerinde devlet kontrolü hala devam etmektedir. Bu yolu izleyen ülkeler gelişmiş ülkelerin reform süreci öncesinde izledikleri rotayı takip etmektedirler. Çin başta gelmek üzere bu şekilde davranan ülkeler, telekom altyapısını ve hizmetlerini ülke ekonomisini güçlendirmek ve rekabet gücünü artırmak için etkili bir belirleyici olarak görmektedirler. Öte yandan, piyasa mekanizmasına dayanan reform programlarını yürürlüğe koyan ülkeler bu reformları özelleştirme, serbestleştirme veya her ikisini birlikte kullanarak gerçekleştirmektedirler. WEF (2003:122)'e göre, 2000 yılı sonu itibarıyla 236 ülkenin % 55'i özelleştirme, serbestleştirme veya bu ikisinin bileşiminden herhangi birini uygulamak suretiyle telekom sektöründe reform yapmıştır. (Bkz: Şekil-2.)

Şekil 2. Telekom Sektöründe Reformların Ülke Grupları ve Türlerine Göre Dağılımı*

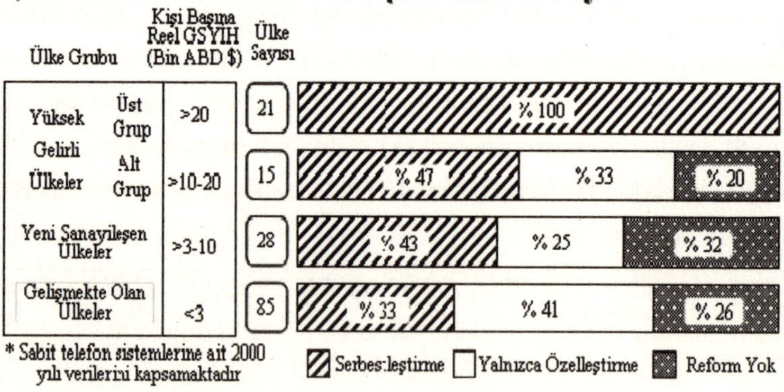


* Sabit telefon sistemlerine ait 2000 yılı verilerini kapsamaktadır

Kaynak: WEF, (2003:122)

## V. TELEKOM HİZMETLERİNDE REFORM SÜRECİNİN SONUÇLARI

Telekom sektörü birçok ülkede en hızlı gelişen sektörlerden biridir ve telekom hizmetlerinden elde edilen gelirler gayri safi yurtiçi hasılanın % 2-3'üne ulaşmaktadır (Li ve Xu, 2002a:440). Sektör, özel kesimin işlem maliyetlerini azalttığı için önemli düzeyde pozitif dışsallıklara sahiptir ve bu nedenle iktisadi büyümeye büyük bir katkı sağlar. Sektörün bu türden olumlu etkilerini dikkate alan ve bu etkileri artırmak isteyen çok sayıda ülke, çeşitli nedenlerle özelleştirme, serbestleştirme ve deregülasyonlar yoluyla telekom piyasasını reforma tabi tutmaktadırlar. Gerçekleştirilen reformlarda tüketicilerin refahını artırma, sektörü daha etkin bir hale getirme, kamuya gelir sağlama, telekom hizmetlerinden yararlanan kişi sayısını artırma ve yabancı sermaye yatırımlarını çekme gibi farklı hedeflere ulaşılmak istenmektedir. Bu süreçte, gelişmiş ülkeler tüketici refahını ve telekom sektörünün etkinliğini artırmayı hedeflerken yeni sanayileşen ülkeler kamuya gelir aktarmayı, sektörün etkinliğini artırmayı ve telekom hizmetlerinden yararlanan kişi sayısını artırmayı; gelişmekte olan ülkeler ise, telekom hizmetlerine herkesin erişimini sağlamanın yanı sıra yabancı yatırımcıları çekmeyi amaçlamaktadırlar (WEF, 2003:131). Ancak, günümüzde temel telekom hizmetlerinin % 73'ü hâlâ tekeller tarafından sunulmaktadır. Bu durumun temel nedeni, gelişmiş bir finans sektörüne ve büyük bir kentli tüketici grubuna sahip olan demokratik ülkeler telekom sektörünü daha kolay bir biçimde reforma tabi tutarken bütçe açıklarını telekom sektöründen elde edilen yüksek gelirle kapatmak isteyen ülkelerin telekom hizmetlerini kamu mülkiyetindeki PTT idareleri ile sunmak istemeleridir (Li ve Xu, 2002a). Son 25 yılda gerçekleşen reform sürecinde ortaya çıkan temel sonuçlar birkaç başlık altında özetlenebilir:

- Telekom sektöründe gerçekleştirilen özelleştirme ve serbestleştirmeler önemli düzeyde refah artışlarına yol açmaktadır (Li ve Xu, 2002b).

- Telekom sektöründeki özelleştirme uygulamaları sonrasında verimlilik, kârlılık ve toplam çıktı artarken istihdam düzeyinde belirgin ölçüde bir azalma ortaya çıkmaktadır (Bortolotti et al., 2002:266).

- Milli gelir düzeyi ne olursa olsun, telekom piyasasını serbestleştiren ülkelerde internet kullanımı daha yaygındır; telekom sektöründe, reform gerçekleştirmeyen ülkelerde ne tele-yoğunlukta (teledensity[2]) ne de kullanıcıların yoğunluğunda (user intensity[3]) hiçbir ilerleme söz konusu değildir. Diğer ülkelere kıyasla telekom sektörünü reforma tabi tutan ülkelerin "ağa hazırlık endeks[4]" düzeyinde önemli ilerlemeler söz konusudur (WEF, 2003:123-135).

- Telekom sektöründe reform çabasına giren ülkelerin çoğu tam ve hızlı bir serbestleştirme yerine kamu mülkiyetindeki telekom

---

[2] Tele yoğunluk, telekomünikasyon altyapısına erişim olanağı olarak tanımlanabilir ve 100 kişi başına düşen hat sayısı olarak ölçülebilir.

[3] Kullanıcı yoğunluğu internete erişim için kullanılan mevcut altyapı olanağını ifade eder, hat başına düşen internet kullanıcıları sayısı olarak ölçülür.

[4] Dünya Ekonomik Forumu, "Global Bilgi Teknolojisi Raporu" ile bir ülkenin bilgi işlem teknolojilerindeki gelişmelere katılmak ve bu gelişmelerden yararlanmak için ne ölçüde hazır olduğunu ölçmeyi amaçlayan bir endeks (ağa hazırlık endeksi) yayınlamaktadır. Yeni ekonomiyi ortaya çıkaran iki en önemli unsurdan biri olan bilgi işlem teknolojileri konusunda bir ülkenin güçlü ve zayıf yanlarını ortaya koymayı hedefleyen endeks, bu teknolojileri kullanan taraflar (kişiler, firmalar ve devlet) açısından mevcut ortamı (piyasa, politik durum ve regülasyonlar, altyapı), bilgi işlem teknolojilerine hazırlığın düzeyini ve bu teknolojileri kullanım derecesini ölçmeye çalışmaktadır.

operatörlerinin özelleştirilmesi, piyasanın rekabete açılması ve bağımsız bir düzenleyici kurumun oluşturulması aşamalarından oluşan kademeli bir reform sürecini benimsemektedir. Fink et al. (2003) tarafından yapılan ve 86 gelişmekte olan ülkenin 1985-1999 yılları arasında gerçekleştirdiği telekom sektörü reformlarını inceleyen çalışma tam serbestleştirmenin daha çok işe yaradığını ortaya koymaktadır. Sektörde reformun söz konusu olmadığı veya kısmi reformların gerçekleştirildiği dönemlere kıyasla özelleştirme, piyasanın rekabete açılması ve bağımsız düzenleyici birimin oluşturulması sırasına göre gerçekleştirilen serbestleşme döneminde hem tele-yoğunlukta (% 8) hem de işgücü verimliliğinde (% 21) artış olmaktadır. Öte yandan, özelleştirme ve piyasanın rekabete açılması telekom piyasasının performansını yükseltmektedir. Ancak, performans artışını reformu meydana getiren farklı aşamaların (özelleştirme, rekabetin ve bağımsız düzenleme kurumunun tesisi) oluş sırası büyük ölçüde etkilemektedir. En yüksek başarı özelleştirme ve piyasanın rekabete açılması süreçlerinin birlikte gerçekleştirilmesi halinde elde edilmektedir (Fink, et al., 2003:463).

## VI. SONUÇ VE DEĞERLENDİRME

Globalleşme ve bilgi-iletişim teknolojilerindeki gelişmeler bilgiyi önemli bir üretim faktörü haline getirmektedir. Üretim sürecinde bilginin öneminin gittikçe artması ise telekom hizmetlerine yönelik talebi hızla artırmaktadır. Artan taleple birlikte yeni teknolojilerin telekom sektöründe yerini alması telekom endüstrisi üzerinde güçlü değişimlere yol açan baskılara neden olmaktadır. Teknolojik gelişmeler, bir yandan özel kesimin telekom piyasasına girmesini sağlayan olanakların oluşmasına neden olurken; öte yandan, ortaya çıkan farklı ve değişik taleplerin karşılanabilmesi için telekom endüstrisinde büyük bir dönüşümün yaşanmasını sağlamaktadır. Ancak, kamu mülkiyetindeki tekelci telekom operatörleri, genellikle, bu dönüşümü sağlayacak kaynaklara ve piyasada faaliyet göstermeye başlayan firmalarla rekabet edecek yeteneklere sahip değildirler. Öte yandan, ortaya çıkan yeni teknolojiler doğal tekellerin varlık gerekçesini oluşturan sabit yatırım maliyetlerinin azalmasını sağlayarak bu gerekçeyi ortadan kaldırmaktadır. Ülkeler, kamu ekonomisinin milli ekonomideki rolünü azaltmak, kamu mülkiyetindeki telekom operatörünün finansal gereksinimlerinden kurtulmak, telekom operatörünün satışından elde edilen gelirle bütçe açıklarını kapatmak veya borç yükünü hafifletmek, ekonomik büyümenin motoru haline gelen bilgi-işlem teknolojileri sektörünün performansını telekom reformları ile yükseltmek, Dünya Ticaret Örgütü ve benzeri uluslararası kurumların serbestleştirme yönündeki çabalarını destekleyerek iktisadi açıdan rakiplerin gerisine düşmemek gibi gerekçelerle telekom sektörlerini reforma tabi tutmaktadırlar.

Telekom sektöründeki reformlar, diğer sektörlerdeki reformları kolaylaştırmakta ve sağladığı pozitif dışsallıklarla iktisadi büyümeye katkıda bulunmaktadır. Bu nedenle telekom sektörünün reforma tabi tutulması kaçınılmazdır. Ancak reformun nasıl gerçekleştirileceği ilgili ülkenin koşullarına ve siyasi tercihe bağlıdır. Telekom hizmetlerinin piyasaya dayalı hale getirilmesi, telekom operatörünün şirketleştirilmesi, piyasanın rekabete açılması, serbestleştirilmesi ve düzenlenmesi, ve nihayet özelleştirme aşamalarının hangi sıralama ile gerçekleştirileceği de siyasi tercihe bağlıdır.

Reform sürecinin başarısı belirli koşulların yerine gelmesine bağlıdır: Reform sürecine en üst düzeyde tam siyasi destek sağlanmalıdır; reformun temel amacı bütün iktisadi sektörlere ve tüketicilere daha fazla, daha iyi ve daha düşük maliyetle telekom hizmeti sunarak verimliliği ve iktisadi büyümeyi artırmak olmalıdır; süreçte uygulanan politikalar ve prosedürler açık ve saydam olmalıdır; bütün telekom piyasaları rekabete açılmalıdır; ülkenin kredibilitesi ve istikrarı artıracak politikalar devreye sokulmalıdır; reformlarda iyi bir zamanlama ve öncelik sıralaması yapılmalıdır ve siyasi etkilerden bağımsız faaliyet gösterecek bir düzenleyici kurum oluşturulmalıdır.

## KAYNAKLAR

Aktan, Coşkun Can, Posta ve Telekomünikasyon Hizmetlerinde Yeniden Yapılanma ve Özelleştirme (1993), Ankara: T. Haber-İş Sendikası Yayınları, No 7.

Bortolotti, Bernardo, Juliet D'Souza, Marcella Fantini ve William L. Megginson (2002), *"Privatization and the Sources of Performance Improvement in the Global Telecommunications Industry"*, Telecommunications Policy, 26, ss.243-268.

Cave, Martin ve Robert W. Crandall-Eds. (2001), Telecommunications Liberalization on Two Sides of the Atlantic, Washington, DC: AEI-Brookings Joint Center for Regulatory Studies.

De Bijl, Paul ve Martin Peitz-Eds., (2003), Regulation and Entry into Telecommunications Markets, West Nyack, NY:Cambridge Uni. Press.

Fink, Carsten, Aaditya Mattoo ve Randeep Rathindran (2003), *"An Assessment of Telecommunications Reform in Developing Countries"*, Information Economics and Policy, 15, ss.443-466.

Gao, Ping ve Kale Lyytinen (2001), *"Telecommunications in Transition: The Chinese Experience in the International Context"*, in: (Gerald Grant-Ed., Managing Telecommunications and Networking in the 21st Century: Issues and Trends, ), Hershey PA: Idea Group Publishing.

Hulsink, Willem (1998), Privatization and Liberalization in European Telecommunications: Comparing Britain, The Netherlands and France, Florance, KY: Routledge.

İçöz, Özge (2003), Telekomünikasyon Sektöründe Regülasyon ve Rekabet, Rekabet Kurumu Uzmanlık Tezleri Serisi No:16, Ankara:Rekabet Kurumu.

Levi-Faur, David (2003), *"New Regimes, New Capacities: The Politics of Telecommunications Nationalizations and Liberalization"*, (Linda Weiss-Ed., States in the Global Economy: Bringing Domestic Institutions Back in, içinde), West Nyack, NY: Cambridge University Pres, ss.161-179.

Li, Wei ve Lixin Colin Xu (2002a), *"The Political Economy of Privatization and Competition: Cross-Country Evidence from the Telecommunications Sector"*, Journal of Comparative Economics, 30, ss.439-462.

Li, Wei ve Lixin Colin Xu (2002b), Liberalization and Performance in the Telecommunications Sector around the World, Working Paper, Washington, DC: The World Bank.

Noam, E. Ve L. Caby (1994), *"Telecommunications Strategies in the Developed World"*, (C. Steinfield, J. Baver ve L. Caby, Eds., Telecommunications in Transition: Policies, Services and Technologies in the European Community, içinde), London: Sage Publications.

Roseman, Daniel (2003), *"Domestic Regulation and Trade in Telecommunications Services: Experience and Prospects under the GATS"*, (Pierre Sauve ve Aaditya Mattoo, Eds., Domestic Regulation and Services Trade Liberalization, içinde), Cary, NC: Oxford University Pres, ss.83-107.

WEF (2003), Global Information Technology Report (2002-2003), New York: Oxford University Pres for World Economic Forum.